W0248345

Christine Merz/Hartmut W. Schmidt

Lernschritte ins Leben

Christine Merz/Hartmut W. Schmidt

Lernschritte ins Leben

Entwicklungspsychologische Stationen in Bildern

HERDER

FREIBURG · BASEL · WIEN

Für Nike und Simon, Sebastian, Annekatrien und Amelie
– zum Wohle aller Kinder.

2. Auflage 2008

Gedruckt auf umweltfreundlichem, chlorfrei gebleichtem Papier

www.herder.de

Umschlaggestaltung:	R.M.E. Roland Eschlbeck/Rosemarie Kreuzer
Umschlagfotos:	Hartmut W. Schmidt, Freiburg
Layout und Satz:	RSRDesign Reckels & Schneider-Reckels, Wiesbaden
Druck und Bindung:	fgb · freiburger graphische betriebe www.fgb.de

ISBN 978-3-451-32050-7

Inhalt

Kinder tragen eine unbändige Neugierde auf das Leben in sich.

Ein Wort zuvor

Das neugeborene Kind steht am Anfang eines lebenslangen Weges in die Welt und zu sich selbst.

Mit diesem Foto-Bilder-Buch wollen wir Ihren Blick auf die faszinierende, rasante und umfassende Entwicklungsleistung des kleinen Menschen in den ersten Lebensmonaten lenken. Die eindrücklichen Fotografien veranschaulichen wesentliche Lernschritte von Kindern in spezifischen Situationen, die exemplarisch für viele andere stehen. Die begleitenden Texte geben Ihnen grundlegende Informationen und Einblick in den heutigen Wissensstand.

Die vier Kapitel des Buches sind unterschiedlich gewichtet und dargestellt. Die Kapitel »Kognition« und »Motorik« werden in einem großen Bogen von der »Sozial-emotionalen Entwicklung« und der »Sprachlichen Entwicklung« eingefasst. Das Thema Wahrnehmung als Grundlage allen Lernens durchdringt alle vier Bereiche in besonderer Weise, da sie ähnlich wie die sprachliche Entwicklung heute mehr denn je unserer Aufmerksamkeit bedarf.

Dieses Buch will Sie neugierig machen auf die hochspannende Lerngeschichte eines jeden Kindes.

Dieses Buch will Sie anregen, die individuellen Signale und Botschaften des Kindes sensibel wahrzunehmen und es in seiner Entwicklung optimal zu fördern.

Wir wünschen uns, dass die unglaublichen Fähigkeiten, mit denen jeder kleine Mensch ausgestattet ist, Sie das Staunen lehren und Sie als Leser und Betrachter anhalten, Kinder mit großer Achtung und Behutsamkeit auf ihrem Entwicklungsweg zu begleiten.

Christine Merz — Hartmut W. Schmidt

1 Soziale und emotionale Entwicklung

1.1 Bindung erfahren – Urvertrauen entwickeln

Von Geburt an macht ein Säugling Bindungs- bzw. Beziehungserfahrungen – durch Körperkontakt und vielfältige Sinneswahrnehmungen, die ihm signalisieren, dass die Hauptbezugsperson, in der Regel die Mutter, immer anwesend ist. Beim Stillen ist der Kontakt zwischen beiden besonders intensiv, aber auch außerhalb der Nahrungsaufnahme sind das Tragen des Säuglings, häufiger Blickkontakt und eine liebevolle Ansprache der betreuenden Person typische und äußerst wichtige, ja elementare Beziehungsangebote. Das Neugeborene sorgt seinerseits mit seinem Schreien dafür, dass die Hauptbezugsperson in seiner Nähe bleibt und sein Überleben sichert. Das instinktive Verhalten auf beiden Seiten dient dem Aufbau einer elementaren emotionalen Bindung. Diese sichert aber nicht nur seine Existenz – sie ist die Basis, von der aus ein Kind angstfrei Schritt für Schritt die Welt entdecken und erobern kann.

Von Anfang an sorgen Eltern und Kind instinktiv für den Aufbau einer emotionalen Bindung.

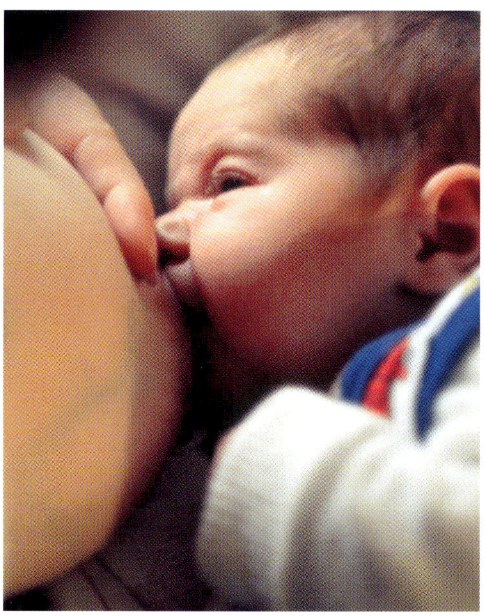

Der Säugling ist in der Befriedigung all seiner Bedürfnisse auf andere angewiesen – sein Überleben ist davon abhängig.

Das Vertrauen ins Leben wächst langsam.

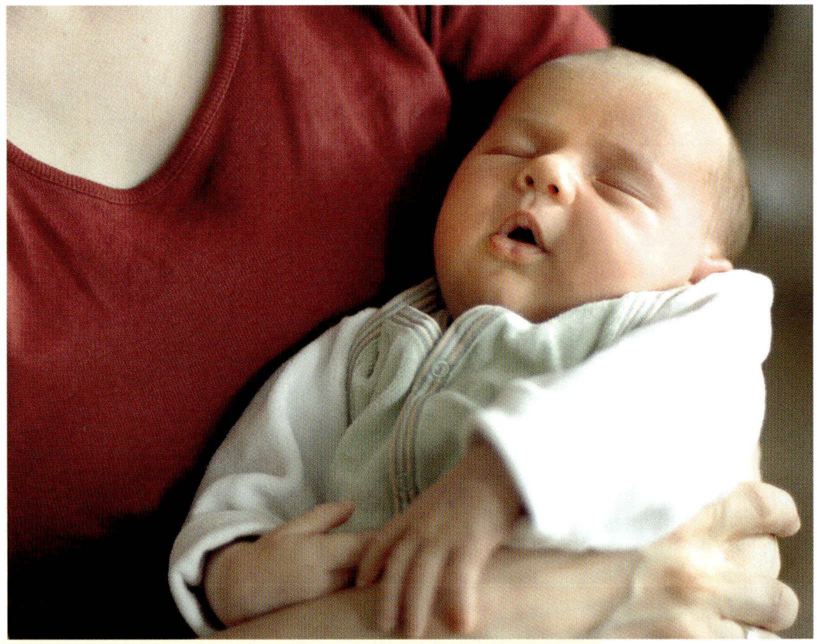

Die bedingungslose Zuwendung durch Mutter/Vater oder eine andere Bezugsperson ist die Voraussetzung für eine sichere Bindung.

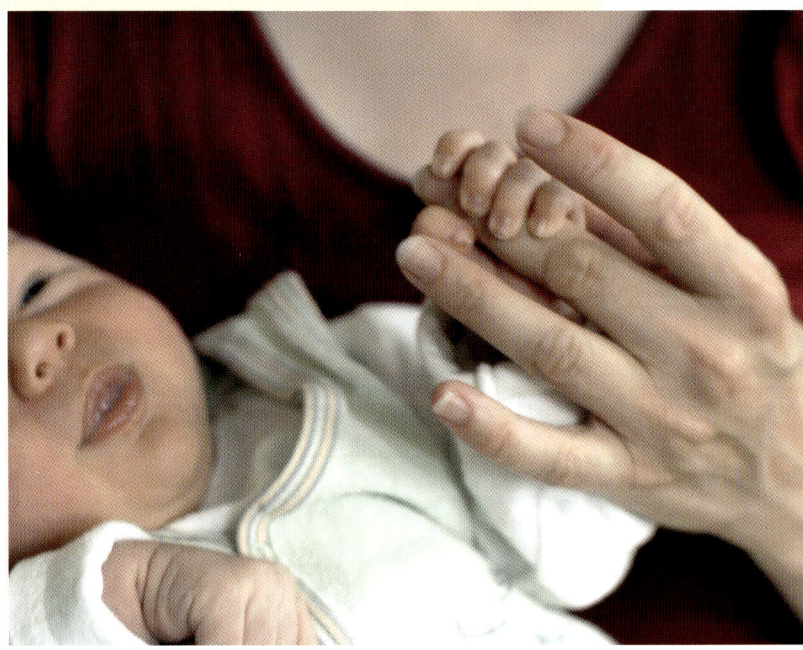

Sich wiederholende, wohltuende Erlebnisse und Erfahrungen …

… stärken im Kind das Gefühl, gehalten zu werden – gehalten zu sein.

Die schaukelnden Bewegungen erinnern das Kind an die geschützte Zeit im Mutterleib und wirken beruhigend.

Die aufmerksame Wahrnehmung der Befindlichkeit des Babys stützt sein erwachendes Gefühl für sich und die Welt.

Mit allen Sinnen ausgestattet, nimmt der Säugling die noch fremden Einflüsse auf und will sie schon bald näher kennenlernen.

Mit ca. sechs Wochen zeigt ein Säugling zur großen Freude seiner Eltern das erste soziale Wiederlächeln. Es ist zu diesem Zeitpunkt aber kaum ein bewusster Ausdruck von Bindung und Zuneigung (denn das Lächeln tritt auch gegenüber fremden und abgebildeten, ja sogar stark stilisierten Gesichtern auf). Es ist vielmehr eine Nachahmungs- und Wiedererkennungs-Reaktion auf das Gesichts-Schema. Das erste kindliche Lächeln wirkt sich dennoch als bedeutsamer Verstärker auf die Fürsorge der Eltern und damit für den Aufbau und die Festigung der Eltern-Kind-Bindung aus.

Miteinander Lachen und Lächeln stärkt die emotionale Bindung.

Mit der Zeit differenziert das Baby zunehmend seine sozialen Kontakte. Ab ca. sieben Monaten lächelt es fast nur noch bekannte Gesichter an. Der Austausch positiver Affekte, gemeinsames und wechselseitiges Lachen und Lächeln spielen von Anfang an eine wichtige Rolle für den Aufbau und Erhalt sozialer Bindungen.

Das vertraute Gesicht von Mama vor Augen, gehalten von Papa – da kann Robin strahlen.

Ein bisschen
Rückversicherung
ist gut.

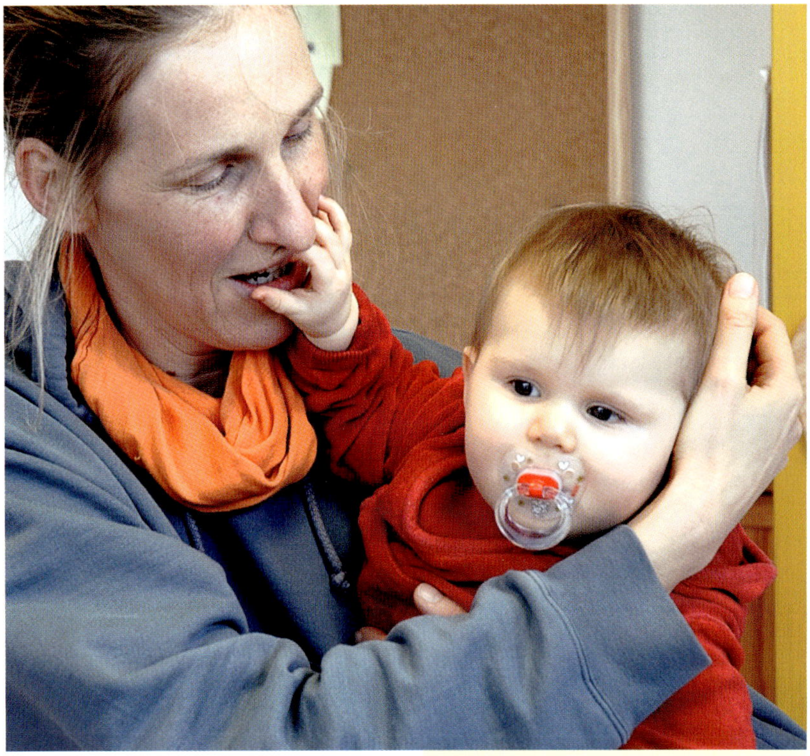

Leon hat eine Möglichkeit gefunden, sein Sicherheitsbedürfnis zu befriedigen.

Mamas Nase ist ein prima Fixpunkt.

Mit steigender Mobilität entfernen sich Kinder beim Spielen und Erkunden immer weiter und länger von der Bezugsperson, wobei sie sich durch regelmäßigen Blick- und Körperkontakt immer wieder ihrer Bindung rückversichern.

Kurzzeitige Trennungen und Fremdbetreuung sind erste Prüfsteine für das Urvertrauen des Kindes.

Ab ca. acht Monaten und noch verstärkt ab etwa einem Jahr reagiert ein Kind deutlich bis heftig auf Trennungssituationen (z.B. bei kurzzeitiger Fremdbetreuung) mit Weinen und Schreien. Nach der Trennung von der Hauptbezugsperson sinkt die Stimmung des Kindes häufig stark ab, seine Spieltätigkeit und sein Erkundungstrieb lassen merklich nach oder erlöschen ganz.

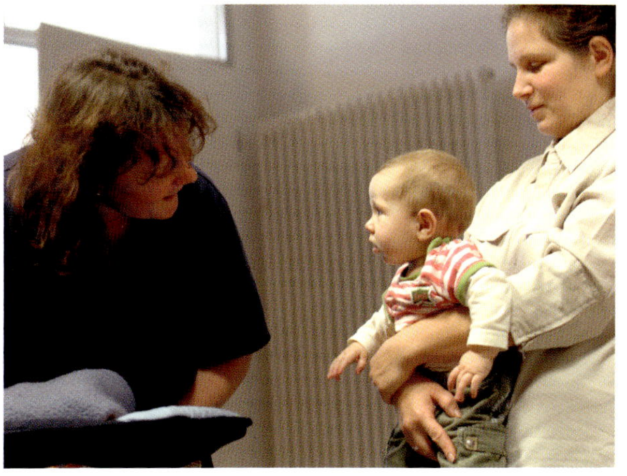

»Das Gesicht kenne ich nicht. Halt mich fest, da will ich nicht hin!«

Das während des Bindungsaufbaus entwickelte Urvertrauen befähigt die Kinder, mehr oder weniger kurzzeitige Trennungen von der Mutter relativ schnell zu bewältigen und andere Bezugspersonen zu akzeptieren, in deren Gegenwart sie sich dann ebenso sicher und geborgen fühlen können.

Die Art und Weise, wie ein Kind zwischen 12 und 24 Monaten sich bei einer kurzzeitigen Trennung von der Mutter verhält, kann Aufschluss über die Qualität der frühen Mutter-Kind-Bindung geben.

»Mama, wo bist du?«

Auf dem Weg zur Selbstständigkeit
muss sich das Kind immer wieder
rückversichern können,
wie verlässlich die Bindung ist.

»Solange die beiden noch reden, kann ich ja mal schauen, was da vorne los ist.«

Ab ca. 18 Monaten zeigen Kinder erstmals das sogenannte Trotzverhalten (siehe »Das Ich entdecken«, S. 23ff.), welches im Alter von drei bis vier Jahren seltener wird und etwa mit der Schulreife ganz verschwindet. Mit seinen heftigen Trotzreaktionen testet das Kind ein Stück weit das Bindungsverhalten der Bezugsperson aus. Andererseits zeigt es damit aber auch, dass sein Urvertrauen in die Bezugsperson so weit gefestigt ist, dass es keine Angst hat, deren Zuneigung und Fürsorge durch eine heftige Auseinandersetzung zu verlieren.

Mara ist sich ganz sicher, dass Mama sie auffängt.

Der entwicklungsfördernde Umgang mit dem Kind

Entscheidend für den Aufbau einer sicheren Bindung des Kindes ist ein gutes Einfühlungsvermögen der Bezugspersonen in seine Bedürfnisse, ihre liebevolle Zuwendung und aufmerksame Fürsorge. Dazu gehört z.B. die Fähigkeit, die Signale des Kindes richtig zu deuten und schnell darauf zu reagieren, etwa bei Anzeichen von Angst, Unsicherheit oder Aufregung. Auch die Freude an Blick- und Körperkontakt und spielerischer Kommunikation sowie eine angemessene, aber nicht übertriebene Hilfestellung sind wichtige Aspekte einer einfühlsamen und liebevollen Beziehung zum Kind. Ebenso die sensible Ermunterung aller eigenen Versuche des Kindes, sich eigenständig zu entwickeln, also Unterstützung der Neugierde, der Erfahrungen mit sich selbst und jedes kleinsten Entwicklungsfortschritts. Positive Bindungserfahrungen in frühester Kindheit sind die beste Voraussetzung dafür, dass ein Kind sich sowohl sozial-emotional als auch in seinem Bewegungs- und Forschungsdrang optimal entwickeln kann.

Eine verlässliche Bindung ist die Basis für angstfreies Spielen, Erforschen und Lernen.

Erlebt ein Kind in seinem Elternhaus eine sichere emotionale Basis nicht oder nur unzureichend, ist es umso wichtiger, dass es sie bei anderen festen Bezugspersonen (Großeltern, älteren Geschwistern, ErzieherInnen, Tagesmutter ...) finden kann.

Sie schafft's allein.

1.2 Das Ich entdecken – Abgrenzung und emotionale Selbststeuerung

Das erste soziale Wiederlächeln im Alter von ca. sechs Wochen wird von einigen Entwicklungspsychologen als Anzeichen für den »Beginn der Ich-Organisation« gewertet. Diese Aussage basiert auf der Annahme, dass ein Säugling eine Vorstellung vom eigenen Ich zu entwickeln beginnt, sobald er erkennt, dass seine Handlungen bestimmte Veränderungen bzw. Reaktionen bei Objekten oder Menschen hervorrufen. Dieses erste rudimentäre Konzept des Selbst beinhaltet also die Unterscheidung des eigenen Ich von der Außenwelt.

Der Säugling entdeckt, dass er Reaktionen in der Außenwelt hervorrufen kann, und entwickelt so eine erste Vorstellung vom Ich.

Über die Erfahrung mit anderen wird man selbst.

Stimme, Worte, Laute, Berührungen …

… Dialog findet auf vielen Ebenen statt.

Der Mund ist in den ersten Lebensmonaten primäres Organ, um sich und die Dinge der Welt zu erfahren.

Das Kind lernt, dass sein Lächeln erwidert wird, und lächelt deshalb sein Gegenüber häufiger an. Bereits ab einem Alter von zwei bis vier Monaten zeigt es Ausdruck von freudiger Erregung, wenn es bemerkt, dass es z. B. ein an seinem Bett befestigtes Spielzeug durch Zappeln in Bewegung versetzen kann. Etwa zu dieser Zeit beginnt ein Kind auch, intensiv seine Hände zu betrachten, wenn sie in seinem Blickfeld sind. Ab dem Moment, wo es erkennt, dass es ihre Bewegungen selbst auslöst und steuern kann, sie also als Teil seines eigenen Körpers entdeckt, kann es damit beginnen, die Außenwelt aktiv mit ihnen zu erforschen und zu »begreifen«.

Im Verlauf der emotionalen Entwicklung verfeinert sich die Selbstwahrnehmung.

Über Augen, Ohr und Hände nimmt das Kind Signale wahr und ordnet sie zu.

Das Empfinden und der Ausdruck differenzierter Gefühle sind zentrale »Bausteine« für die Entwicklung einer Vorstellung vom eigenen Ich. Gleichzeitig sind sie die erste Möglichkeit des vorsprachlichen Kindes zur Kommunikation, wobei der gegenseitige Informationsaustausch über die emotionale Befindlichkeit vor allem dem Aufbau und Erhalt sozialer Bindung dient.

Mit zwei bis drei Monaten kann ein Säugling deutlich zeigen, ob er vergnügt/zufrieden oder missvergnügt/unzufrieden ist, mit ca. sechs Monaten hat sich diese Fähigkeit soweit ausgeprägt, dass er differenziertere Gemütszustände wie Ärger, Traurigkeit, Interesse und Überraschung zum Ausdruck bringen kann – ein Zeichen für das Erreichen einer weiteren Stufe der »Selbst-Erkenntnis«.

Milli nimmt ihre Gefühle deutlich wahr – und drückt sie aus.

Etwa ab einem Jahr zeigt ein Kind erstmals einen deutlichen Ausdruck von Wut (im Unterschied zu Traurigkeit oder leichtem Ärger) bei Kontrollverlust. Der eigene Wille rückt nun mehr und mehr ins Bewusstsein des Kindes und bekommt zentrale Bedeutung für sein Handeln. Mit ca. 18 Monaten, manchmal auch schon früher, entdeckt das Kind im Zuge des einsetzenden Spracherwerbs das »Nein« für sich: der Beginn der Trotzphase ist damit eingeläutet.

Der eigene Wille und das »Nein«: Trotz als Ausdruck des Bedürfnisses nach Individualisierung.

Trotz oder »Negativismus« ist ein für Kleinkinder typisches Verhalten, das ihrem Bedürfnis nach Individualisierung entspringt. Das Kind entdeckt sich selbst als handelnde Person mit eigenen Wünschen, Vorstellungen und Besitzansprüchen und möchte sich deutlich nach außen abgrenzen. Dabei ist es anfangs noch unbeholfen und kann das Gefühl nicht steuern. Es ist auf die Durchsetzung seiner Ziele und Wünsche fixiert und dadurch starr und unfähig, sein Handeln an die äußere Situation oder an die Wünsche und Vorstellungen seiner Sozialpartner anzupassen. Der unlösbare Konflikt zwischen Wollen und Nicht-Können führt beim Kind zu einem Konflikt, dem es sich selbst ausgeliefert fühlt. In Verbindung mit einer noch nicht ausgereiften Fähigkeit zur Emotionskontrolle entstehen teilweise heftige Trotzanfälle, die von den Bezugspersonen besonders viel Nervenstärke und Einfühlungsvermögen fordern.

»Ich will nicht!«

Milli hat schon
ein differenziertes
Gefühl für sich und
ihre Bedürfnisse.

Im Alter von etwa sieben Monaten kommt ein weiterer Gefühlsausdruck hinzu: Das Kind zeigt Angst, z. B. vor lauten Geräuschen, plötzlichen Bewegungen, vor fremd aussehenden (Bart, Brille) oder grimassenhaften Gesichtern und schließlich – meist um den achten/neunten Lebensmonat herum – eine besonders ausgeprägte Angst vor fremden Personen, das sogenannte »Fremdeln« (siehe auch »Ich und die anderen«, S. 38ff.). Ab ca. zehn bis zwölf Monaten zeigen Kinder erstmals Angst vor Abgründen als Folge ihrer fortgeschrittenen Krabbelerfahrungen und ihres reifenden Sehvermögens. Indem das Kind Anzeichen von Angst zeigt, verfügt es über eine wirksame Methode, elterliche Hilfe anzufordern.

Schon kleine Kinder haben große Gefühle.

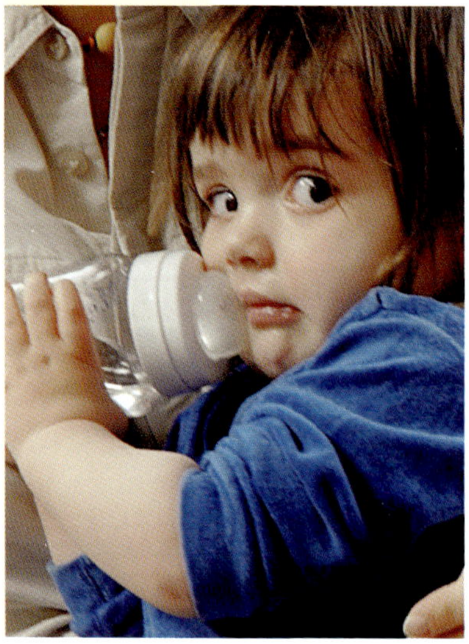

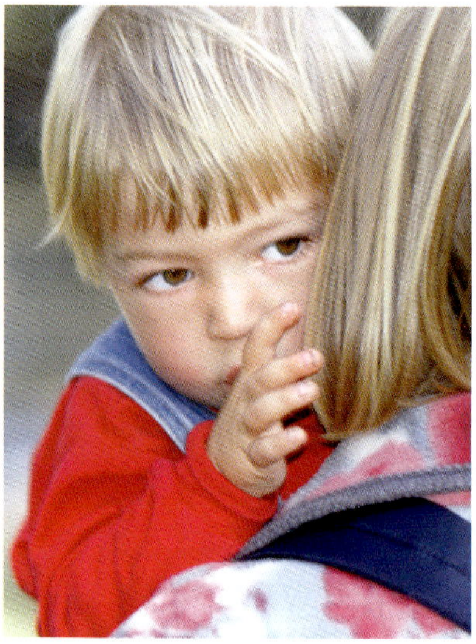

- zufrieden
- unwohl
- voller Angst
- unsicher

Emotionale Selbststeuerung

In den ersten Lebensmonaten sind es die Eltern, die für die emotionale Regulierung des Kindes sorgen: Sie trösten und beruhigen es, schirmen es vor zu starken Reizen ab und stimulieren es nach seinen Bedürfnissen.

Ein erstes Mittel zur Selbstregulierung kann aber schon in sehr frühem Alter beobachtet werden: das Nuckeln am Daumen (an anderen Fingern, an der Hand).

Ab einem Alter von sechs Monaten können Kinder unangenehme visuelle Reize durch Ändern der Blickrichtung ausschalten. Die Fähigkeit, sich selbst von Unangenehmem abzulenken, verbessert sich im Laufe der ersten Jahre immer mehr (Ablenkung durch Spiel, Gesang, Trost durch Schnuffeltuch, Kuscheltier). Ab ca. 12 bis 18 Monaten lassen sich bereits erste Anzeichen von Selbstkontrolle erkennen: Das Kind entscheidet abhängig von Situation und Sozialpartner eigenständig, ob es Wünschen und Aufforderungen, die von außen an es herangetragen werden, nachkommt oder nicht. Die zunehmende Sprachfähigkeit ermöglicht einen besseren Austausch mit Erwachsenen über emotionale Konflikte, auch Lösungen können dann verbal gefunden werden. Bis Kinder ihre Emotionen aber verlässlich selbstständig regulieren können, dauert es Jahre. So sind unkontrollierte Wut- und Trotzanfälle, die typischerweise etwa ab 18 Monaten auftreten, zum Teil bis zum fünften Lebensjahr zu beobachten. In diesen Situationen sind die Kinder besonders stark auf Verständnis und Regulierungshilfen seitens der Erwachsenen angewiesen.

In dem Maße, wie es seine Selbstwahrnehmung verfeinert, schenkt das Kind auch den Gefühlen anderer mehr Beachtung.

In der Mitte bis Ende des zweiten Lebensjahres beginnen Kinder auch solche Emotionen zu zeigen, die sich auf die Selbstwahrnehmung beziehen und darauf, wie andere auf uns reagieren, nämlich Verlegenheit, Stolz, Eifersucht, Schuld und Scham. Etwa zur selben Zeit erlangt das Kind auch die Fähigkeit, sein eigenes Spiegelbild zu erkennen. Die intensive Beschäftigung mit sich selbst führt auch dazu, dass das Kind sich mit anderen vergleicht und versucht, deren Sichtweise und Empfindungen einzuschätzen. Es beginnt nun ebenfalls, sich selbst zu kategorisieren, d.h. sich anhand seines Geschlechts, seines Alters und seiner Körpereigenschaften sozial einzuordnen. Sobald das Kind sich selbst, d.h. gleiche soziale Eigenschaften, in einem anderen wiedererkennt, ist es in der Lage, Mitgefühl zu empfinden (siehe auch »Ich und die anderen«, S. 38ff.).

Tim schärft seinen Blick von sich im Spiegel. Er kokettiert und experimentiert …

… und ist schließlich hochzufrieden. »Was bin ich doch für ein nettes Kerlchen.«

»Olaf hat gesagt, er will den Turm alleine bauen. Ich würde aber so gerne mitmachen.«

»Ich weiß, wie's geht! Soll ich es dir sagen?«

»Nein, ich kann das allein!«

Im Zusammensein mit anderen schärft das Kind sein Gefühl für sich selbst und lernt, sich abzugrenzen – oder auch nicht.

Der entwicklungsfördernde Umgang mit dem Kind

Für eine gesunde emotionale Entwicklung und für die Entstehung eines positiven Selbstbildes beim Kind sind Bezugspersonen, die seinen Gefühlsäußerungen von Anfang an Beachtung schenken, auf sie eingehen und emotional darauf »antworten«, besonders wichtig.

Das Kind erlernt und erspürt schon bald auch die unterschiedlichen Emotionen der Mutter sowie anderer Personen und zieht darüber Rückschlüsse auf die jeweilige Situation (gibt es Grund zu Beunruhigung, oder ist alles in Ordnung?). Erwachsene sollten Kinder hierin nicht unterschätzen. Emotionale Spannungen, Bedrückung oder ängstliche Haltungen der Eltern übertragen sich durchaus auf die Grundstimmung des Kindes und sein eigenes Wohlbefinden.

Das »emotionale Wissen« des Säuglings resultiert aus dem intensiven und liebevollen Kontakt zu seinen Bezugspersonen.

Im Umgang mit und der Regulierung seiner eigenen Emotionen ist das Kind stark auf die Hilfe seiner Bezugspersonen angewiesen. Ihre Aufgabe ist es, seine Situation sensibel wahrzunehmen, Verständnis dafür aufzubringen und es in seinen Möglichkeiten zur Selbstregulierung zu unterstützen.

Aus heftigen Trotzsituationen kommt ein Kind alleine meist nicht mehr heraus. Erwachsene können ihm dabei am besten helfen, wenn sie ruhig und gelassen bleiben, das Kind festhalten und versuchen, es abzulenken. Manchmal hilft auch eine große Portion Humor. Trotzanfälle gehören zu einer normalen Entwicklung dazu und können und sollen deshalb nicht vermieden werden. Sie ermöglichen dem Kind eine wichtige Erfahrung mit sich und der Welt. Je mehr dem Kind eigene Entscheidungen da, wo sie möglich sind, von vornherein zugestanden werden, umso weniger muss es sich in Trotzanfällen abarbeiten. Andererseits sind klare Grenzen und deren konsequente Einhaltung wichtige Regulatorien, die dem Kind helfen, seine Spielräume zu kennen, zu akzeptieren und gegebenenfalls auszutesten.

Säuglinge und Kleinkinder sind zur Regulierung ihrer Emotionen auf die Hilfe von Erwachsenen angewiesen.

Weil sich bis zum Ende des dritten Lebensjahres die emotionalen Facetten und damit das Selbstbild des Kindes immer weiter ausbilden, ist ein respektvoller und wertschätzender Umgang der Erwachsenen mit den kindlichen Gefühlsäußerungen für seine Selbstachtung und sein Selbstbewusstsein von größter Bedeutung.

Milli – bereits eine kleine Persönlichkeit – weiß genau, was sie will.

1.3 Ich und die anderen – Sozialverhalten in der Gruppe

Aufgrund seiner beginnenden Fähigkeit zu kategorisieren und wiederzuerkennen (siehe Kapitel »Kognitive Entwicklung«, S. 80ff.), macht sich bei einem Säugling ab sechs Monaten auch eine deutliche Veränderung seines »sozialen Wissens« bemerkbar: Er kann Personen und Gegenstände nun eindeutig unterscheiden (er lächelt nur noch erstere an) und erkennt auch Unterschiede zwischen erwachsenen und kindlichen Gesichtern (für letztere zeigt er stärkeres Interesse).

Ab etwa sechs Monaten zeigen sich verstärkt Interesse und Freude an erweiterten sozialen Kontakten.

Erste Sprach- und Fingerspiele, die das Kind mit Lauten wie »Krähen«, »Glucksen«, »lallenden Lauten« (man nennt es in der Fachsprache »Lautieren«) beantwortet, und Kommunikationsspiele wie z.B. »Guck-Guck-Spiele« mit Erwachsenen oder älteren Kindern bereiten ihm in der zweiten Hälfte des ersten Lebensjahres großes Vergnügen. Häufige Wiederholungen geben ihm Sicherheit und steigern sein Behagen.

Im Alter von ca. acht Monaten ist der Säugling in der Lage, Gegenstände als Medium für die Kontaktaufnahme und die Kommunikation mit Erwachsenen zu nutzen. Hierfür spielt eine neu erworbene Fähigkeit, nämlich seine Aufmerksamkeit nach der Blickrichtung des Erwachsenen auszurichten, eine entscheidende Rolle. Mit diesem Entwicklungsschritt der »geteilten Aufmerksamkeit« ist der Grundstein dafür gelegt, dass ein Erwachsener bei einem Kind die Lehrerrolle übernehmen und seine Aufmerksamkeit auf bestimmte Ziele lenken kann (siehe auch »Kognitive Entwicklung«, S. 80ff.).

Eine ausgeprägte Fremdenangst ist typisch für Kinder zwischen acht und zwölf Monaten.

Etwa zur selben Zeit tritt das »Fremdeln« zum ersten Mal auf und bleibt durchschnittlich bis zum Ende des ersten Lebensjahres, teils auch länger, ein typisches Merkmal für das soziale Verhalten der Kinder in dieser Entwicklungsphase.

Untersuchungen haben gezeigt, dass die ausgeprägte Angst vor fremden Personen, die umso stärker wird, je näher die fremde Person kommt, sich unabhängig von der »Besucher-Erfahrung« der Kinder einstellt.

Ab ca. zwölf Monaten erfasst ein Kind feste »soziale Scripts«, also Rituale, die es auch erwartet und einfordert, beispielsweise beim Zu-Bett-Gehen, bei Begrüßung und Abschied usw. Seine Fähigkeit und Bereitschaft, die Handlungsziele von Erwachsenen zu übernehmen und sein Verhalten daran anzupassen, wächst.
Das Interesse an anderen Babys und größeren Kindern verstärkt sich deutlich zum Ende des ersten Lebensjahres.

Aus Nebeneinander wird Miteinander – Kinder brauchen Kinder.

Das Kind macht nun Versuche, zu anderen Kontakt aufzunehmen, ist dabei aber anfangs noch unbeholfen. Es beteiligt sich am Spiel älterer Geschwister oder anderer Kinder zunächst durch paralleles Nachahmen. Später tritt es auch in Interaktion mit ihnen und zeigt erste Anzeichen von Einfühlung, am häufigsten spielt es aber immer noch alleine.

Etwa ab einem Jahr sucht das Kind aktiv den Kontakt zu gleichaltrigen und älteren Kindern.

Im beiläufigen Lernen erkunden und erfahren die Kinder ihren Tag und ihr Leben.

Noch ist es
ein großer Spaß.
Die Mädchen
machen mit.

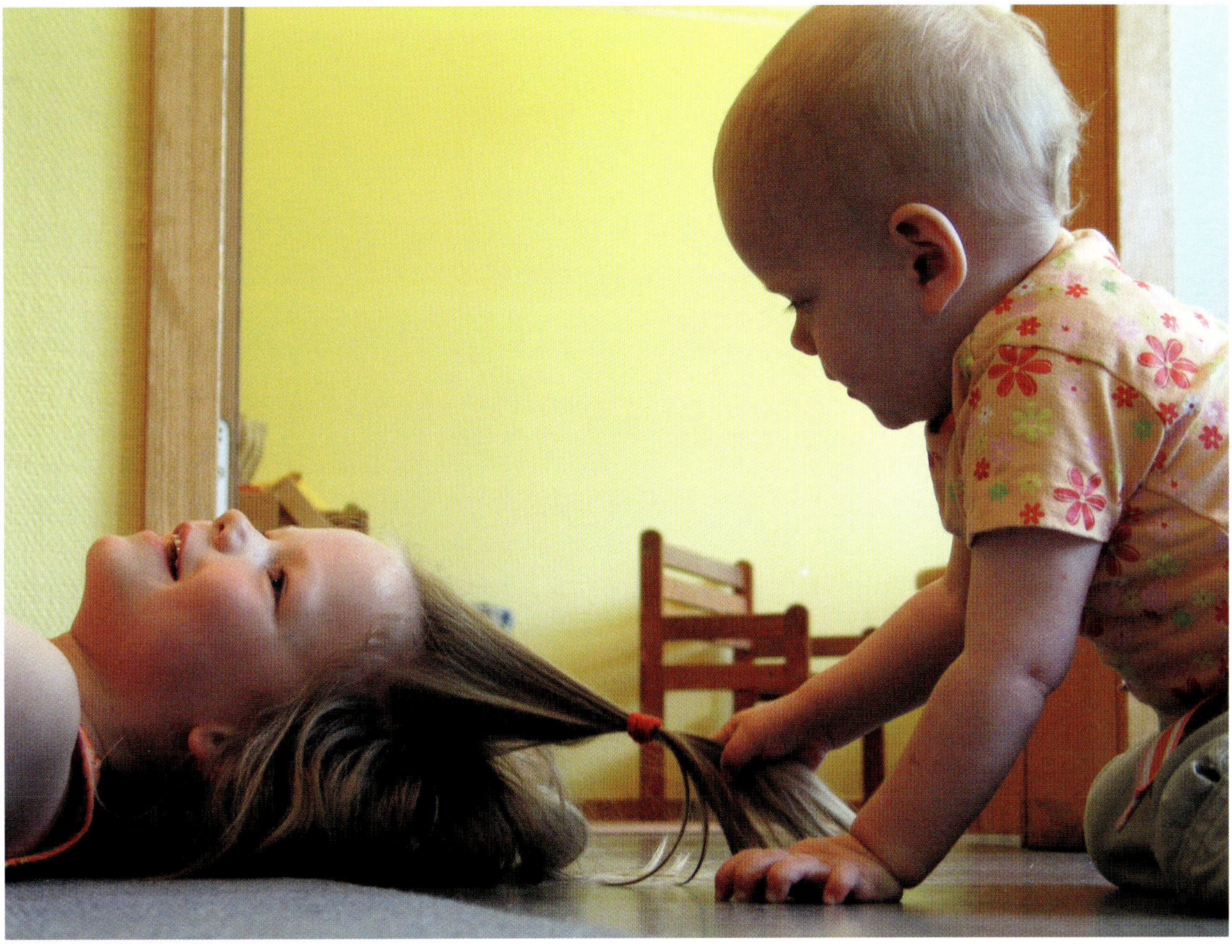

Irgendwann werden sie sich abwenden, und Selina muss die aufgezeigten Grenzen respektieren lernen.

Dennoch bevorzugen manche Kinder auch schon im Alter von 12 bis 18 Monaten bestimmte Spielpartner, erste »Freunde«, die sie häufiger berühren, anlachen und ansprechen als andere Gleichaltrige. Ihrem bevorzugten Altersgenossen gegenüber zeigen sie auch deutlich mehr Hilfsbereitschaft und Mitgefühl in misslichen Lagen als anderen gegenüber.

Im Verlauf des zweiten und dritten Lebensjahres festigen sich solche besonderen freundschaftlichen Bindungen unter Gleichaltrigen und spielen dann für die Dauer und die Komplexität des gemeinsamen »Als-ob-Spiels« eine wichtige Rolle (siehe Kapitel »Kognitive Entwicklung«, S. 80ff.).

Im zweiten und dritten Lebensjahr entstehen erste Freundschaften mit Gleichaltrigen oder Älteren.

Zweijährige haben bereits eindeutige Affinitäten und Antipathien.

Häufig unterhalten Ein- bis Zweijährige, die in altersgemischten Gruppen betreut werden, auch Beziehungen zu etwas älteren Kindern, weil diese die noch nicht ausgereifte soziale Geschicklichkeit der Jüngeren besser ausgleichen können. Andererseits können jüngere Spielpartner für ältere, aber unreife, sozial isolierte Kinder »therapeutische« Wirkung haben: ihre sozialen Fähigkeiten und ihr Verhaltens-Repertoire verbessern sich.

Ab der zweiten Hälfte des zweiten Lebensjahres spielen die aufgrund der veränderten, bewussten Wahrnehmung des Selbst erlebten Emotionen wie Verlegenheit, Stolz, Schuld, Mitgefühl, Reue oder Scham im Umgang mit anderen Kindern eine wichtige Rolle und führen zur Entwicklung neuer sozialer Verhaltensweisen.

■ Lernwege und Erfahrungen, die Kinder mit- und untereinander machen, können durch nichts ersetzt werden.

»Wenn du's bewegst, macht's Krach.«

»Ich kann noch lauter!«

»Komm, wir machen mal ganz laut!«

Mit ca. 18 Monaten entwickelt das Kind erste Vorstellungen von seinen sozialen Beziehungen. Sein Sozialverhalten und sein soziales Verständnis zeigen nun Fortschritte, insbesondere wenn es auf sichere Bindungserfahrungen im ersten Lebensjahr zurückgreifen kann.

Im Zusammenspiel mit Gleichaltrigen stehen von nun an zentrale Kompetenzen auf dem »sozialen Bildungsplan« des Kindes, die es im Verlauf seiner Krabbelstuben- und Kindergartenzeit, aber auch noch darüber hinaus immer weiter verfeinern wird, z.B.:

- Spielimpulse anderer aufgreifen und eigene Impulse geben
- sich mit anderen streiten und versöhnen
- andere trösten und sich trösten lassen
- Besitz verteidigen, abgeben und teilen
- Kompromisse eingehen und Gruppenregeln anerkennen.

Ab einem Alter von etwa zwei Jahren sind Kinder dazu in der Lage, für ein gemeinsames Ziel zu kooperieren. Das Verständnis für Gründe, Folgen und Ausdruckserscheinungen grundlegender Gefühle bei anderen nimmt deutlich zu. Bei Konflikten um Spielzeug, Privilegien oder »Stammplätze« zeigen die Kinder aber oft aggressives Verhalten wie Schubsen, Anschreien oder Etwas-aus-den-Händen-Reißen (instrumentelle Aggression). Mit voranschreitender Entwicklung sprachlicher und sozialer Kompetenzen nimmt dieses aggressive Verhalten wieder ab.

Der entwicklungsfördernde Umgang mit dem Kind

Nachdem im ersten Lebenshalbjahr der Bindungsaufbau zu den Hauptbezugspersonen im Mittelpunkt der Erfahrung stand, erweitert sich danach der Kommunikationsradius des Kindes zunehmend. Lediglich die Fremdelphase behindert eine Weile das grundsätzliche Interesse des Kindes an anderen Menschen. Es ist in dieser Zeit sinnvoll, als Erwachsener die direkte Ansprache zu vermeiden und stattdessen zu versuchen, mit interessanten Objekten als »Medium« zu dem Kind Kontakt aufzunehmen. Davon abgesehen, können Eltern die Rückbindungstendenzen des Kindes beruhigt beantworten, um aus diesen heraus sein Interesse nach außen behutsam zu unterstützen.

Bei seinen ersten Erfahrungen im Umgang mit Gleichaltrigen benötigt das Kleinkind die einfühlsame Unterstützung der Erwachsenen.

Wer setzt sich wie durch, wer gibt nach? Das Einmischen in das Spiel des anderen beinhaltet die Bereitschaft zu einem Konflikt.

Hier wird schon verbal verhandelt.

Dazu gehören insbesondere wiederkehrende Alltags-Rituale, die dem Kind ab dem ersten Lebensjahr Sicherheit geben können und ihm helfen, sich im Familien- oder Gruppengeschehen zurechtzufinden und wohlzufühlen. Das Kind kann dann den Kontakt zu gleichaltrigen und älteren Kindern genießen und dabei in allen Bereichen seiner Entwicklung davon profitieren. Deshalb sollte es möglichst regelmäßig Gelegenheit dazu bekommen, mit bzw. in Gegenwart von anderen Kindern zu spielen.

Im zweiten und dritten Lebensjahr sind Kinder aber noch damit überfordert, untereinander entstehende Konflikte selbstständig »sozial angemessen« zu lösen. Sie sind in diesem Alter in jedem Fall auf die einfühlsame Hilfe ihrer Bezugspersonen angewiesen. Hierbei gilt es für die Erwachsenen, Lösungs- und Kompromissvorschläge anzubieten und dabei den starken selbst-bezogenen Emotionen der Kinder die notwendige Beachtung zu schenken. Gelingt dies, kann ein Kind gegen Ende des dritten Lebensjahres von Erwachsenen und älteren Kindern »vorgelebte« Konfliktlösungsstrategien immer öfter auch schon selbst anwenden.

Mitgefühl und Empathie
sind Eigenschaften,
die vor allem der Achtung
und des Vorbildes durch
Erwachsene bedürfen.

2 Motorische Entwicklung

2.1 Den Körper erfahren und erproben – grobmotorische Selbststeuerung

Mit den ersten Strampelbewegungen des Fötus nimmt die grobmotorische Entwicklung bereits im Mutterleib ihren Anfang. Sowohl die fötalen Bewegungen als auch die eines Neugeborenen sind aber nicht willentlich gesteuert, sondern reflexhafte Reaktionen auf äußerliche Reize. Ganz allmählich mischen sich in den ersten Lebenswochen und -monaten unter die unwillkürlichen Bewegungen auch solche, die der Säugling selbst steuert – wie beispielsweise das Wenden des Kopfes nach einem Geräusch und das Verfolgen eines bewegten Objekts mit den Augen (besonders »reizvoll« sind am Anfang Gesichter und starke Hell-Dunkel-Kontraste).

Neben reflexhaften Bewegungen zeigt das Neugeborene schon bald erste Anzeichen wachsender Körperkontrolle.

Bedeutsame Meilensteine der wachsenden Körperkontrolle zwischen dem zweiten und fünften Lebensmonat sind das selbstständige Aufrechthalten und das Heben des Kopfes (in Bauchlage) sowie das Drehen von der Seite auf den Rücken.

Elisa genießt die Berührung
der Luft mit ihrer Haut.

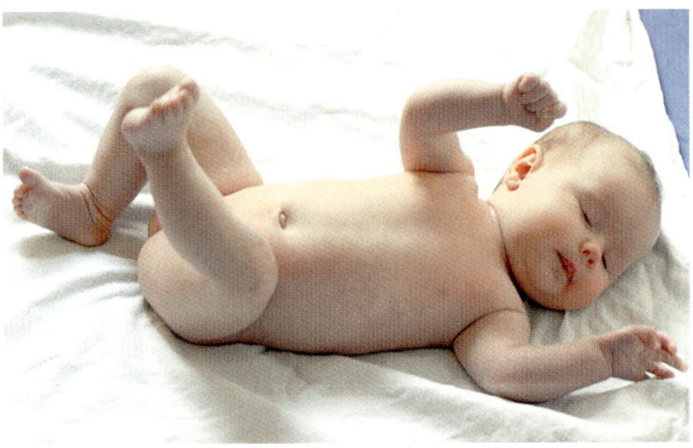

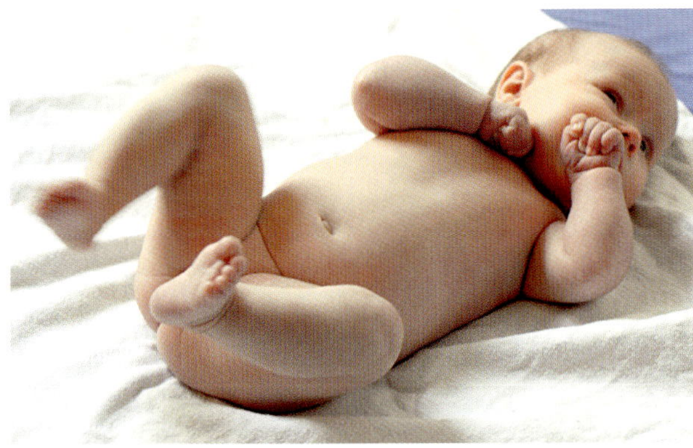

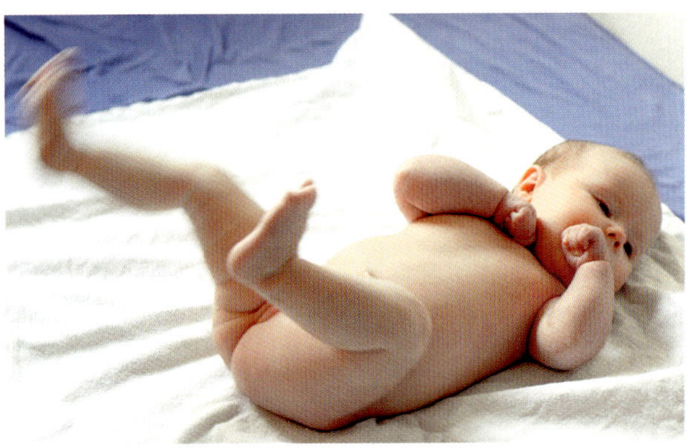

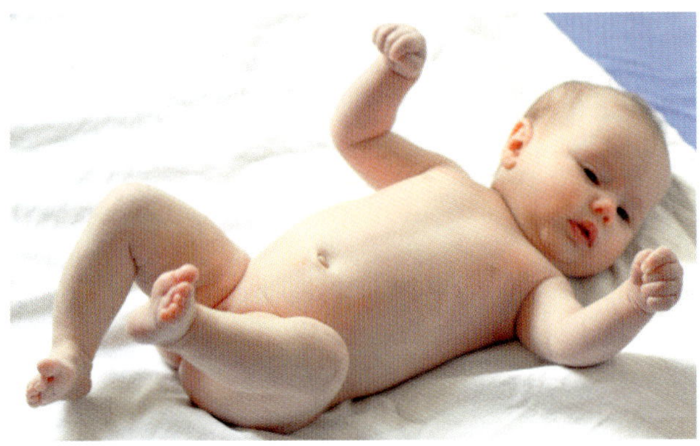

Sie räkelt sich und experimentiert mit ihren Bewegungsmöglichkeiten. Damit lernt sie sich und ihren Körper lustvoll kennen.

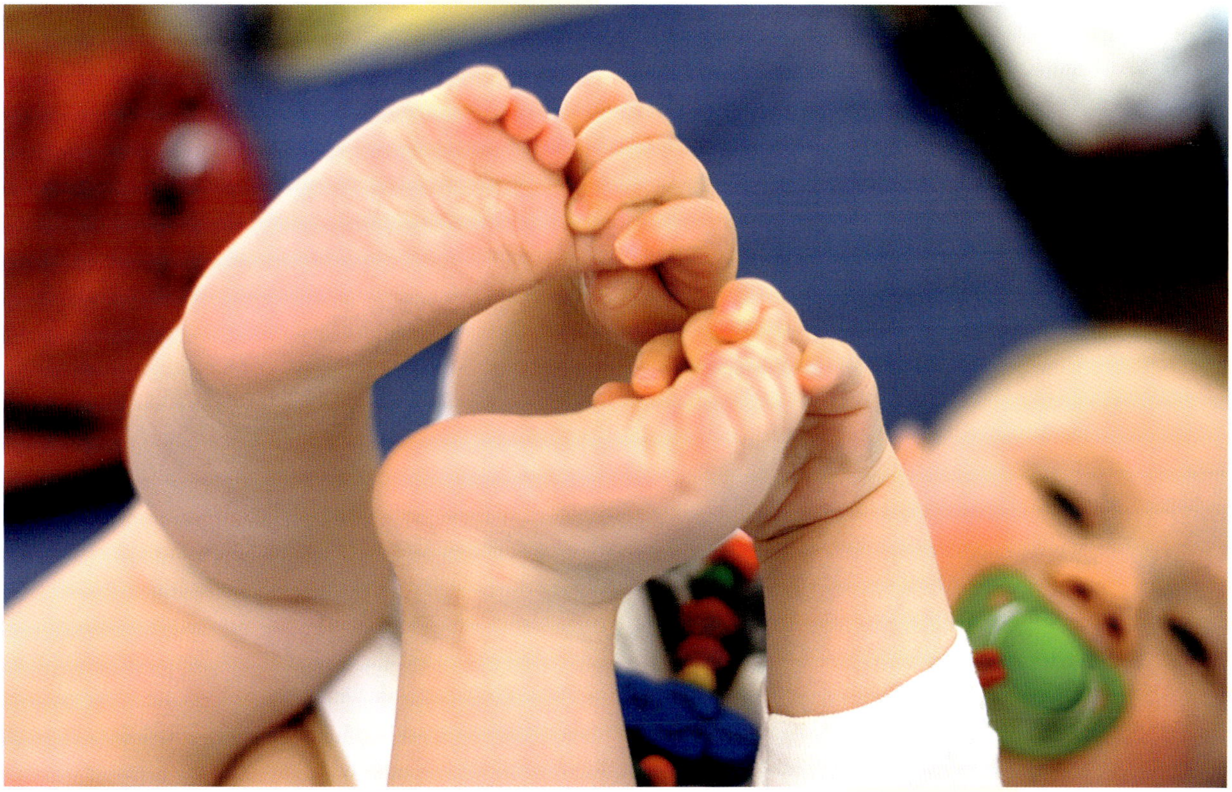

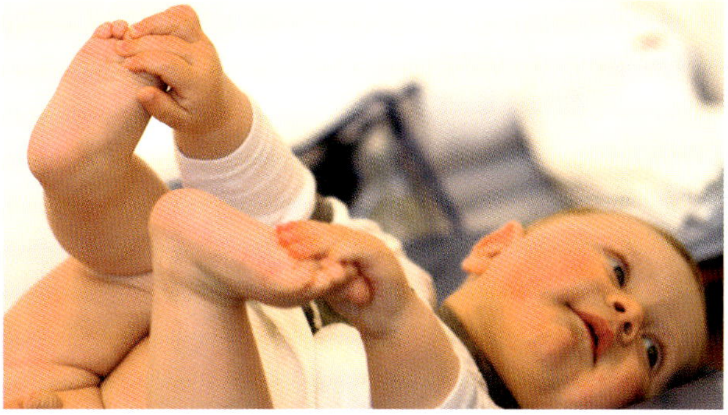

Sascha kennt seine Füße schon gut und steuert seine Bewegungen und Berührungen gezielt.

Motiviert sind die Bewegungen des Säuglings vor allem durch die Anziehungskraft von Objekten in seinem Blickfeld, welches sich mit fortschreitendem Sehvermögen erweitert. Sobald das Kind einige Zeit mit Unterstützung auf dem Schoß eines Erwachsenen sitzen oder in halbaufrechter Position in einer Wippe liegen kann (mit ca. drei bis fünf Monaten), vergrößert sich der Bereich seiner visuellen Wahrnehmung um ein Vielfaches.

Interessante Objekte im Blickfeld des Kindes liefern Bewegungsanreize.

In Rücken- oder Bauchlage kann es in Reichweite liegende oder über ihm befestigte Spielgegenstände erforschen. Sind sie weit entfernt, versucht es sie unter Aufgebot all seiner Kräfte und Möglichkeiten (den Körper drehen, sich mit den Füßen abstoßen, die Arme strecken, greifen) zu erreichen. Mit durchschnittlich sechs bis acht Monaten ist ein Säugling dann aufgrund seiner Kraftzunahme fähig, frei zu sitzen und das Gleichgewicht zu halten, während er Kopf und Oberkörper dreht, um einen Gegenstand zu erreichen.

Etwas haben zu wollen ist ein wichtiger Impuls, sich fortzubewegen.

Karla kann nicht nur den Kopf lange heben, sie hat seit kurzem begriffen, dass sie sich durch Robben und Schieben, Rollen und Strecken von der Stelle bewegen kann.

Simon kann seit drei Tagen alleine sitzen. Aber nur ein kleiner Stips und er verliert den Halt.

Das ist bei Farid anders: Er kann bereits aus dem Sitzen heraus agieren.

Ab etwa acht Monaten (gelegentlich auch schon früher) beginnen Kinder, sich im Raum fortzubewegen, und sind fortan in der Lage, auch an Gegenstände heranzukommen, die weiter entfernt sind. Ganz nebenbei schaffen sie damit auch wichtige Grundlagen für ihre kognitive Entwicklung: Die aktive Bewegung durch den Raum ist die wichtigste Voraussetzung für die Fähigkeit zur räumlichen Orientierung und Begriffsbildung. Sie wirkt sich aber auch auf andere Entwicklungsbereiche nachhaltig aus.

Die Fortbewegung im Raum ist der bedeutsamste Entwicklungsschritt in der zweiten Hälfte des ersten Lebensjahres.

Um räumliche Distanzen zu überwinden, entwickeln die Kinder unterschiedlichste Bewegungsstrategien, wie etwa das Rollen um die Längsachse; das Robben mit ausgestreckten Beinen, während die Arme den Körper vorwärtsziehen; das Rutschen in Rückenlage oder auf dem Boden sitzend, während die Beine Stoß- oder Ziehbewegungen ausführen, bis hin zum Krabbeln auf Knien oder im »Bärengang« (mit durchgestreckten Beinen). Wenn ein bestimmter Bewegungsablauf für das Vorwärtskommen erst einmal »sitzt«, entwickeln die Kinder auch Strategien zum gleichzeitigen Transport von Gegenständen und zum Überwinden von Hindernissen.

Es kann sein, dass ein Kind mehrere Fortbewegungsarten wie Stadien durchläuft bzw. parallel anwendet oder aber eine einzige beibehält, bevor es irgendwann laufen lernt. Wann ein Kind beginnt, sich fortzubewegen, und auf welche Art es dies tut, ist abhängig von seiner körperlichen Konstitution und seinen bisherigen motorischen Erfahrungen, aber auch von seinem kulturellen Umfeld und vor allem von seiner eigenen Motivation. Es gibt bei der Fortbewegung also keinen einheitlichen oder »idealen« Entwicklungsverlauf. Zwar krabbeln die meisten Kinder über einen längeren Zeitraum hinweg, aber nicht wenige lassen diese Bewegungsform aus und können schließlich dennoch – wie alle anderen – mit 12 bis 18 Monaten laufen (einige sogar schon früher).

Hoch hinauf, rauf und runter, oben und unten – alles will erkundet und ausprobiert werden.

Nichts kann Karl aufhalten,
seit er krabbeln kann.

Die Umgebung sollte nur auf wirkliche Gefahren hin angesehen und keineswegs leergeräumt werden. Es gilt, die Neugierde und den Tatendrang des Kindes zu unterstützen.

Das Laufenlernen vollzieht sich bei allen Kindern unterschiedlich schnell, jedoch in vergleichbaren »Stufen«: Die erste Vorstufe ist das Hochziehen (z.B. an Möbelstücken) und Stehen mit Festhalten. Die ersten Schritte erfolgen dann in der Regel an Gegenständen oder an einer Wand entlang, während sich das Kind ein- oder beidhändig festhält. Bald fühlt es sich auch an der Hand eines Erwachsenen sicher genug für kleine »Spaziergänge«. Eine große Herausforderung ist es für Kinder im Lauflernalter, sich aus eigener Kraft vom Boden aufzurichten und frei zu stehen – eine Übung, die anfangs nur für wenige Sekunden gelingt und meist mit einer unvermittelten »Landung« auf dem Hosenboden endet.

Im Übergang vom ersten zum zweiten Lebensjahr stellt das freie Gehen die größte motorische Herausforderung dar.

Irgendwann macht das Kind schließlich die ersten freien Schritte, zunächst über kurze Distanzen, z. B. in die Arme eines Erwachsenen oder vom Tisch zum Sofa. Aus eigener Motivation heraus und in seinem persönlichen Tempo vergrößert es allmählich die Distanzen, die es, ohne die Hände zu Hilfe zu nehmen, überwindet – und erfährt dadurch ganz neue Möglichkeiten, seine Umwelt wahrzunehmen und zu erkunden. Es erlebt einen Perspektivenwechsel und kann während des Gehens die nun frei gewordenen Hände uneingeschränkt benutzen – Veränderungen, die sowohl für die feinmotorische als auch die kognitive Weiterentwicklung äußerst bedeutsam sind.

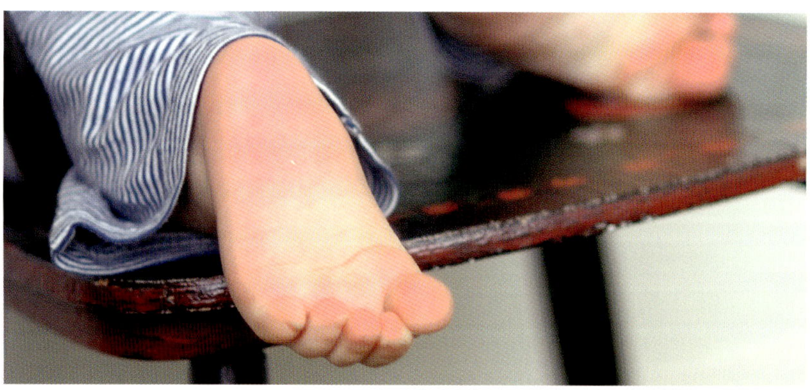

Das Laufenlernen ist eine große Lernleistung des Kindes und erfordert die Verknüpfung verschiedenster Fähigkeiten.

Neben einer hohen motorischen und kognitiven Leistung spielen auch Vertrauen und Vertrautheit eine große Rolle.

An der Hand der vertrauten Person kann Stefan den Aufrechtgang einüben und sich dem erweiterten Blickwinkel öffnen.

Einfluss der Motorik auf andere Entwicklungsbereiche

Alle Bereiche der Entwicklung sind auf vielfältige Weise miteinander verknüpft – sie beeinflussen und bedingen sich gegenseitig. Dies wird am Beispiel der selbstständigen Fortbewegung im Raum besonders deutlich, denn sie ist der Auslöser für umfangreiche Veränderungen und Fortschritte im sozial-emotionalen Bereich sowie in der Entwicklung der Wahrnehmung und des Denkens.

Indem das Kind beginnt sich fortzubewegen, entfernt es sich auch erstmals willentlich von seiner Bezugsperson. Seine Neugierde und sein Forscherdrang übersteigen nun sein Bedürfnis nach Sicherheit, die es in der Nähe von Mutter oder Vater empfindet. Es sucht bei seinen Ausflügen

aber immer wieder Blickkontakt zu ihnen und zieht dabei aus ihrem emotionalen Ausdruck Rückschlüsse darüber, ob seine jeweilige Situation als erfreulich/unbedenklich oder unangenehm/gefährlich einzuschätzen ist. Das Ergebnis dieser »sozialen Bezugnahme« (engl. *social referencing*) bestimmt dann sein weiteres Verhalten bzw. Handeln. So muss ein Kind beispielsweise nicht erst einen Sturz erleben, um die schützende Angst vor tiefen Abgründen zu entwickeln, sondern es kombiniert seine visuellen und taktilen Eindrücke mit den Signalen der Erwachsenen. Das Bestreben, den Raum zu erobern, fördert also indirekt die Fähigkeit des Kindes, emotionale und bewertende Informationen aus Gesichtern »abzulesen«, denn je besser ihm dies gelingt, desto größer werden seine Bewegungsfreiheit und -sicherheit.

Die Entwicklungsschritte vom Säugling zum Krabbler und schließlich zum frei gehenden Kleinkind beeinflussen das emotionale Erleben des Kindes sehr stark: die neu erworbenen Fähigkeiten und die positiven, ermutigenden Reaktionen seiner Bezugspersonen erfüllen es mit Freude, stärken sein Selbstbewusstsein und vermitteln ihm ein ganz neues Lebensgefühl. Gleichzeitig bringt dieser Lebensabschnitt aber auch neue Konflikte und Enttäuschungen mit sich, da die Eltern nun viel öfter »Nein« sagen und riskante Erkundungsgänge des Kindes abbrechen müssen. So treten im Zuge der neu erworbenen »Bewegungsfreiheit« vermehrt Auseinandersetzungen auf, die – gefolgt von regelmäßigen Trost- und Versöhnungsangeboten – aber letztendlich die Qualität der Bindung stärken und grundlegende »Übungen« für die Entwicklung sozialer Kompetenzen darstellen.

Auch für die kognitive Entwicklung liefert die Fortbewegung im Raum wichtige Impulse. Das Kind »erlebt« die Lage und Anordnung von Objekten im Raum, wenn es sie von allen Seiten erkundet, und verfeinert dabei sein dreidimensionales Verständnis. Indem es die Entfernungen zwischen zwei Objekten bzw. zwischen einem Objekt und sich selbst einschätzt und im Gedächtnis behält, entwickelt es die Fähigkeit, sich räumlich zu orientieren. Dabei lernt es z.B. auch, dass dieselben Dinge aus verschiedenen Perspektiven anders aussehen. Nicht zuletzt ist die Unterscheidung von verschiedenen Richtungen (vorwärts, rückwärts, nach oben, nach unten usw.) eine grundlegende Erfahrung, auf die das Kind z.B. beim Lesenlernen oder auch bei der Bildung mathematischer Grundbegriffe zurückgreifen wird.

Kinder suchen von sich aus nach Herausforderungen.

Im Verlauf des zweiten und dritten Lebensjahres erlernen Kinder unterschiedliche Fortbewegungsarten wie Rennen, Springen, Hopsen, Tanzen und Klettern sowie komplexe Bewegungsabläufe, z.B. beim Schaukeln, Rutschen und Wippen oder beim Ballspielen. Ab ca. 24 Monaten hat sich das Gleichgewichtsgefühl so weit entwickelt, dass erste Balancierübungen möglich sind. Das Zusammenspiel der Kräfte bei all diesen Bewegungsformen gewinnt im Laufe der Zeit mehr und mehr an Routine und Eleganz.

In der Weiterentwicklung seiner motorischen Fähigkeiten findet das Kind Freude und Selbstbestätigung.

Der große Bewegungsdrang und die Freude an der Weiterentwicklung der eigenen körperlichen Fähigkeiten sind bereits bei den Null- bis Dreijährigen, aber auch im Vorschulalter und darüber hinaus die Antriebskraft für die motorische Entwicklung. Durch eine geeignete, bewegungsanregende Umgebung kann und sollte sie von Anfang an unterstützt werden.

Vielseitige Räume und Gegenstände reizen zum Überwinden, Kennenlernen und Sich-Erproben.

Bewegung ist viel mehr als ein Grundbedürfnis des Menschen.

Differenzierte Bewegung fördert in besonderem Maße die sozialen, geistigen und intellektuellen Fähigkeiten des Kindes.

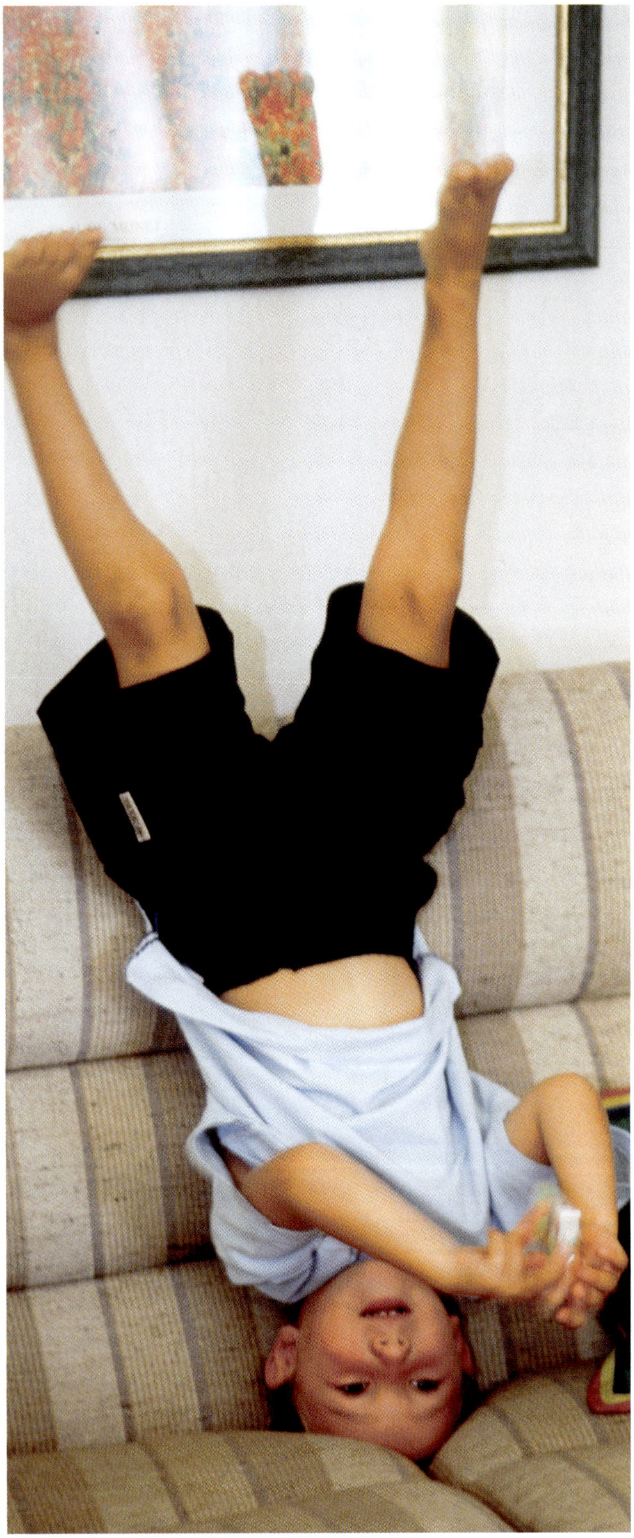

Der entwicklungsfördernde Umgang mit dem Kind

Die körperliche Zuwendung und Zugewandtheit der erwachsenen Bezugsperson ist im frühen Säuglingsalter eine wesentliche Erfahrung für das Kind, die neben der Darbietung visueller und akustischer Reize elementar zu seiner gesunden Entwicklung beiträgt. Ausdauerndes, liebevolles Getragenwerden in den ersten Lebenswochen beispielsweise – oder spielerisch genutzte Wickelsituationen, in denen das Kind zum großen Vergnügen für sich (und den betreffenden Erwachsenen) umfassende sinnliche Erfahrungen mit sich, seinen Beinen und Armen, seinem gesamten Körper macht (möglichst in Verbindung mit rhythmischem Sprechen oder Singen) – unterstützen es dabei, ein ganzheitliches gutes Körpergefühl zu entwickeln.

Wenn das Kind dann in der Lage ist, sich selbstständig fortzubewegen, besteht die größte Unterstützung von Seiten der Bezugsperson darin, nicht zu helfen, d. h. möglichst wenig in Situationen einzugreifen, in denen ein Kind eine schwierige motorische Aufgabe zu bewälti-

Sieh dir die Welt öfter mal auf dem Kopf an …

gen hat, um seine Weiterentwicklung nicht zu hemmen. Im Gegenteil, Erwachsene sollten Kinder zu ermuntern suchen und eine möglichst vielfältige Umgebung bieten, in der das Kind seinen Körper, seine Kräfte und seine Fähigkeiten auf unterschiedlichste Weise erproben kann. Bei aller Umsicht im Hinblick auf Gefahrenquellen: Überängstlichkeit wirkt äußerst hemmend auf die Bewegungslust des Kindes und damit auf seine gesamte Entwicklung.

Je älter das Kind wird, desto mehr möchte es seine motorischen Grenzen erfahren und ausdehnen. Höher klettern, schneller laufen, weiter springen – all dies sind Betätigungen, die es mit sich erfahren können will und muss.

Und so heißt es – während die Kinder ihren Gleichgewichtssinn auf dem Kletterbalken austesten und üben – für die Erwachsenen, die richtige Balance dabei zu finden, den Kindern ein angemessenes Gefahrenbewusstsein, aber auch Freude an der Bewegung und Vertrauen in ihre körperlichen Fähigkeiten zu vermitteln.

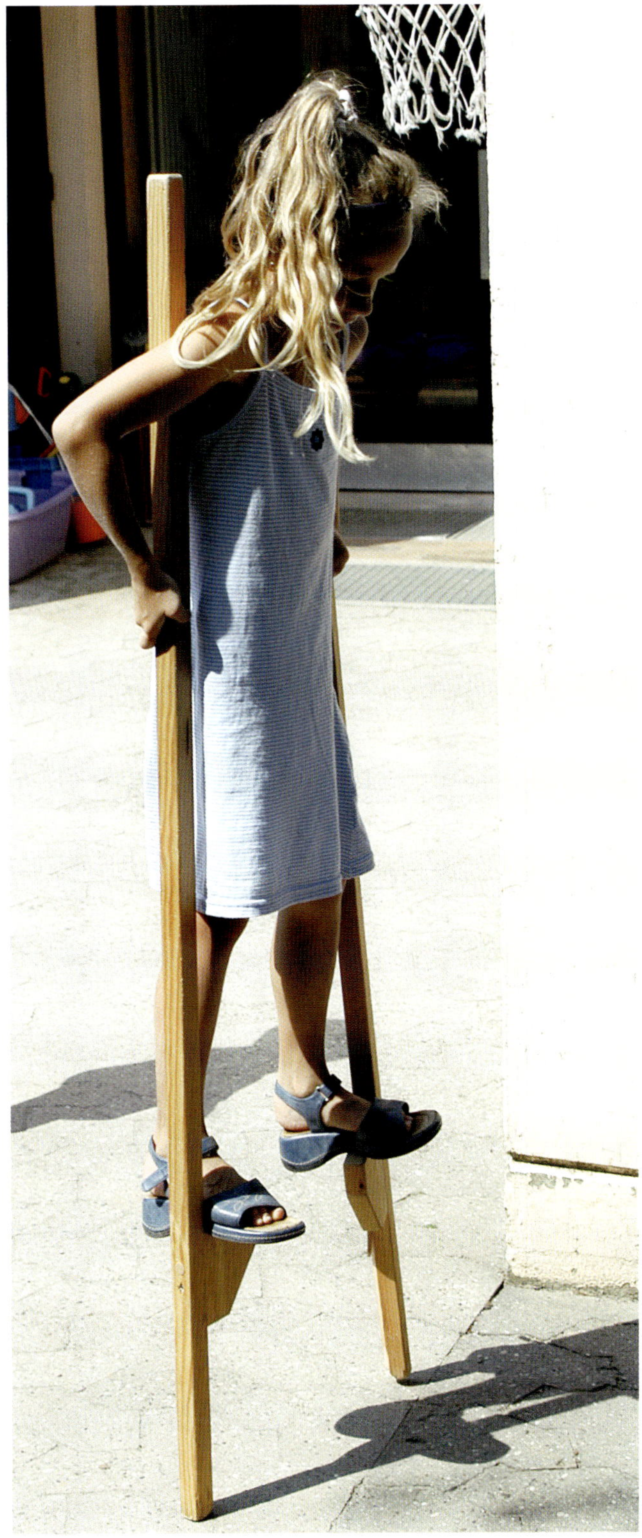

… oder mit ein bisschen Distanz zur Erde.

2.2 Die Welt mit den Händen begreifen – feinmotorische Selbststeuerung

Vom Greifen zum Be-greifen: Mit Hilfe aller Sinne erkundet der Säugling Objekte in seiner Reichweite.

Schon sehr früh zeigt ein Säugling Interesse an den Dingen in seiner Umwelt, möchte Kontakt zu ihnen aufnehmen und »etwas mit ihnen machen«: Dieses Bestreben wird bereits in den ersten Lebensmonaten sichtbar, wenn das Baby mit seinen Armen ungelenke, ausschlagende Bewegungen in die Richtung von Objekten in seinem Blickfeld ausführt: die ersten Vorformen der Greifbewegung (engl.: *pre-reaching movements*). »Echte« und erfolgreiche Greifversuche treten etwa im Alter von vier Monaten erstmals auf. Mit zunehmender Reifung der Sehfähigkeit gelingt auch das Greifen schneller und besser – so passt ein sechs Monate alter Säugling z.B. die Öffnung seiner Greifhand bereits der Größe des anvisierten Gegenstandes an und kann diesen auch schon von einer Hand in die andere wechseln.

Anfangs wird jeder Gegenstand in der Hand nahezu automatisch zum Mund geführt, um mit ihm erkundet zu werden, da Zunge und Mundhöhle durch das regelmäßige Saugen besonders dafür sensibilisiert sind, differenzierte Empfindungen wahrzunehmen. Im zweiten Lebenshalbjahr gewinnt dann der Tastsinn der Hände mehr und mehr an Bedeutung. Nachdem die visuelle Wahrnehmung von Farbe und Form eines Gegenstandes das Kind dazu angeregt hat, nach ihm zu greifen, laden nun die haptischen Reize verschiedener Oberflächen und Materialien und durch das Hantieren erzeugte Geräusche dazu ein, ihn eingehend von allen Seiten zu untersuchen. Das Bedürfnis des Kindes, seine Umwelt nicht nur mit Augen und Ohren, sondern vor allem auch mit dem Tastsinn seiner Hände wahrzunehmen und zu »be-greifen«, ist der Antrieb für die Entwicklung der Feinmotorik, insbesondere für die Fähigkeit zur Auge-Hand-Koordination.

Frederiks erste Versuche, die Welt zu begreifen.

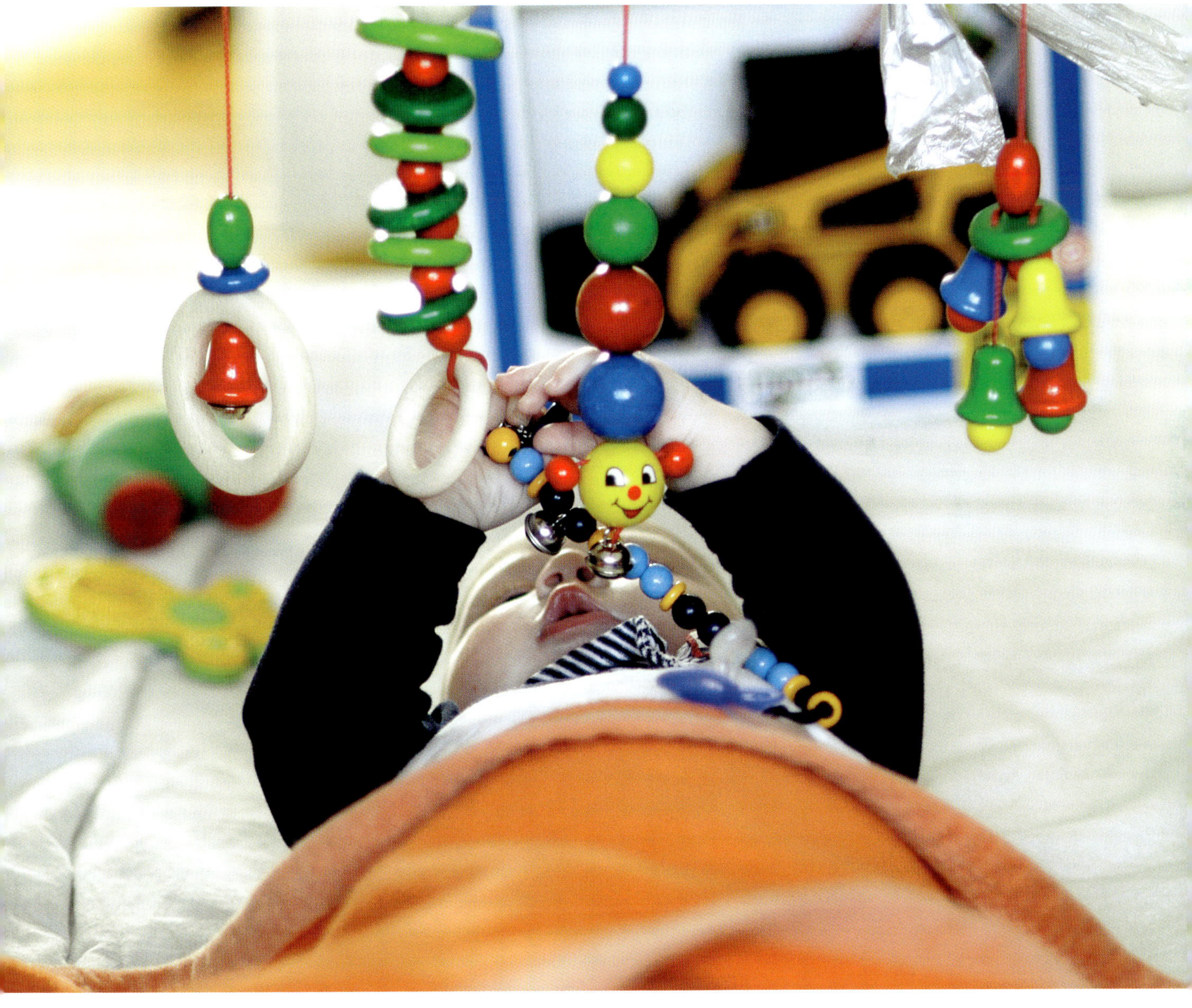

Ab ca. acht Monaten wenden Kinder den sogenannten »Pinzettengriff« an, um besonders kleine Gegenstände, wie etwa Knöpfe, Kieselsteine, Rosinen u.Ä. aufzunehmen. Dazu bilden sie mit Daumen und Zeigefinger einer Hand eine Art »Greifzange«. Ein weiterer Meilenstein der fortwährenden Übung und Verfeinerung der Fingerfertigkeit sind die ersten Versuche, alleine mit Löffel oder Gabel zu essen (ca. ab zwölf Monaten).

Der starke Wunsch nach Selbstständigkeit motiviert das Kleinkind, seine feinmotorischen Fähigkeiten unermüdlich zu »trainieren«.

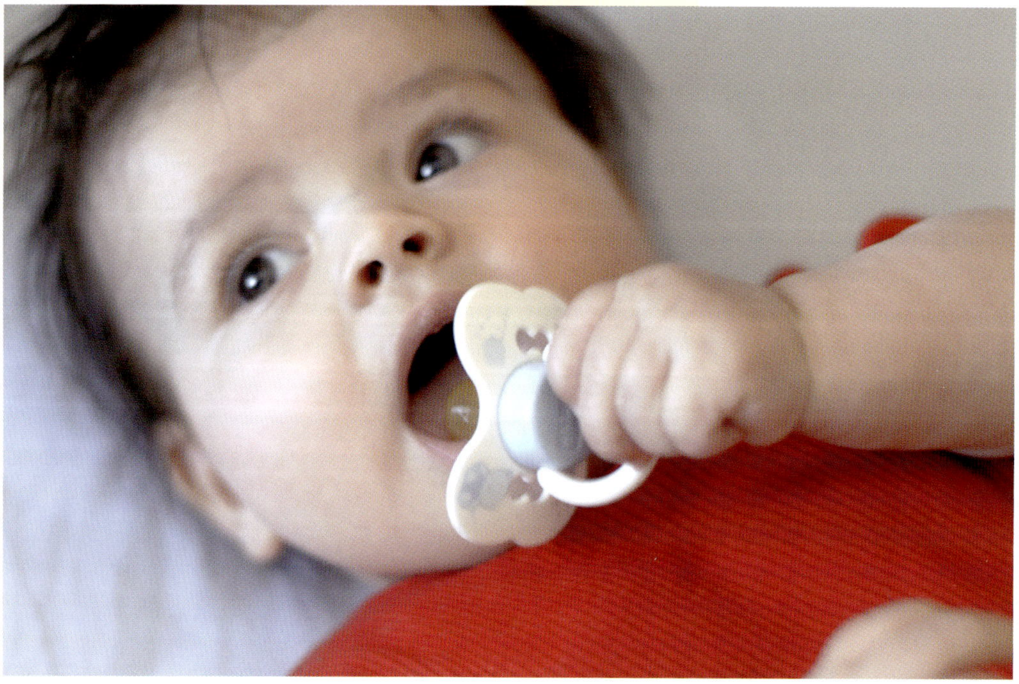

Nicht helfen – Paula findet den Schnullerweg in den Mund schon allein.

Für die haptische Erkundung des Kindes mit verschiedensten Gegenständen sollten genug Zeit und Ruhe sein.

Der Alltag bietet eine Fülle von Gelegenheiten, Feinmotorik und Koordination zu üben.

»Du lieber Himmel, ist das schwierig, die Strümpfe an die Füße zu bekommen.«

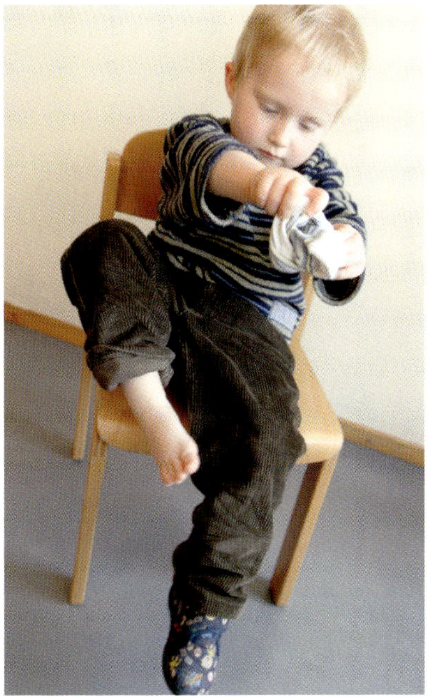

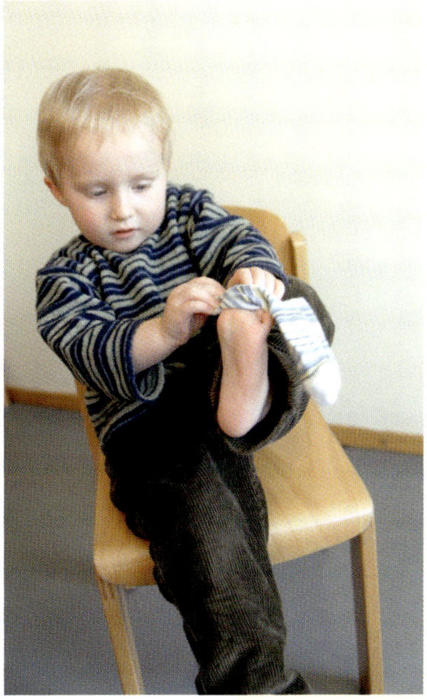

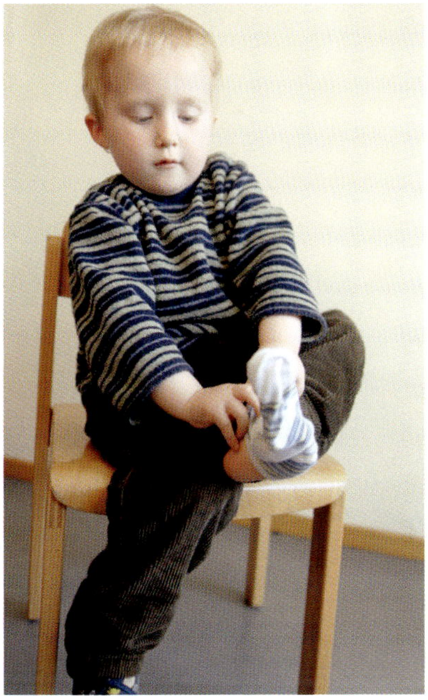

»Warum sind die Füße auch so weit weg?«

Ab etwa 18 Monaten übt ein Kind auch, sein Brot selbst zu schmieren und mit einem Stift zu »malen« – wenn man es lässt. Von Eltern und Erziehern fordern die eifrigen Bemühungen des Kindes und sein starker Wille, alles alleine machen zu wollen, viel Einfühlungsvermögen und Geduld – vor allem angesichts des wachsenden Chaos, das die zahlreichen, nicht immer von Erfolg gekrönten »Übungseinheiten« hinterlassen. Doch je mehr Gelegenheiten Kinder schon früh bekommen, ihre motorischen Fertigkeiten zu üben und zu verfeinern, desto schneller stellen sich bei ihnen eine gewisse Sicherheit und Routine im alltäglichen Tun und damit auch mehr Zufriedenheit und wachsendes Selbstvertrauen ein. Ab etwa zwei Jahren sind die meisten Kinder schon sehr geschickt im Umgang mit Löffel und Gabel und können auch schon einige Kleidungsstücke selbstständig an- und ausziehen.

Feinmotorische und kognitive Entwicklung beeinflussen und befördern sich gegenseitig.

Mit der fortschreitenden Entwicklung seiner feinmotorischen Fähigkeiten treibt ein Kind auch seine kognitiven Fähigkeiten voran: Mehr und mehr ist es nun dazu in der Lage, geplante Handlungen erfolgreich motorisch umzusetzen, Gegenstände zielgerichtet zu erforschen und mit ihnen zu experimentieren.

Matschspiele –
einfach elementar.

Der entwicklungsfördernde Umgang mit dem Kind

Auch wenn der Säugling in den ersten Lebensmonaten noch keine kontrollierten Bewegungen ausführen kann, spielen erste haptische Erfahrungen eine große Rolle für seine weitere Entwicklung. Jede Anregung wird als solche von ihm wahrgenommen.

Zu Beginn sorgt der angeborene Greifreflex dafür, dass ein Säugling beispielsweise einen in seine Hand gelegten Finger umklammert. Aber auch das Berühren eines dargebotenen Gesichts oder eines Haarschopfes stimuliert die kindlichen Tastbewegungen der Hände bereits sehr früh. Wenn das Kind schließlich selbstständig zugreifen kann, so ist es aufgrund seiner eingeschränkten Fortbewegungsmöglichkeiten noch immer eine ganze Zeit darauf angewiesen, dass interessante Objekte, mit denen es seine Feinmotorik weiterentwickeln kann, in seiner Reichweite plaziert werden.

Auch schon bevor ein Säugling aktiv greifen kann, ist er empfänglich für taktile Reize.

In dem Maße, wie sein Aktionsradius wächst, gelingt es dem Kind auch zunehmend, ohne fremde Hilfe an die Gegenstände für seine »feinmotorischen Übungen« heranzukommen. Von Interesse ist im ersten und zweiten Lebensjahr im Prinzip jeder unbekannte Gegenstand, besonders aber solche, mit denen die erwachsenen Bezugspersonen oder ältere Geschwister viel hantieren.

Je mehr Möglichkeiten ein Kind bekommt, »eigenhändig« Erfahrungen zu machen, desto besser, denn: die Entwicklung der feinmotorischen Fähigkeiten und der kindliche Forscherdrang bedingen und befördern sich gegenseitig.

Im zweiten Lebensjahr kommt erstes Geschicklichkeits- und Konstruktionsspielzeug der fortschreitenden Fingerfertigkeit entgegen, z.B. Bauklötze, Murmelbahn, Duplosteine, Steckpuzzles u.Ä., aber auch das Spielen mit Sand, Wasser und anderen Naturmaterialien bietet wichtige haptische Erfahrungen, die die Feinmotorik auf besondere Weise anregen.

Ein Kleinkind sollte möglichst oft die Gelegenheit bekommen, interessante Objekte anzufassen und selbstständig zu erkunden.

Einen wichtigen Schritt in Richtung Selbstständigkeit können Kinder im Verlauf des dritten Lebensjahres machen, da ihre feinmotorischen Fähigkeiten nun so weit fortgeschritten sind, dass sie sich einige Kleidungsstücke alleine an- und ausziehen können. Die Voraussetzung dafür ist allerdings, dass ihnen dies auch zugetraut wird. Erwachsene sollten in dieser Zeit mit viel Geduld alle diese kleinen, wichtigen Lernschritte ermöglichen und unterstützen.

Max öffnet das Brillenetui – das Zusammenspiel der geistigen und motorischen Kräfte wird in der analogen Bewegung seines Mundes sichtbar.

3 Kognitive Entwicklung

3.1 Das Weltbild des Kindes – wahrnehmen, handeln, lernen, denken

Von der ersten Minute seines Lebens an »empfängt« ein Kind durch seine Sinne Informationen über die Welt, in die es hineingeboren wurde. Sein Geruchs-, Geschmacks- und Tastempfinden wurden ebenso wie sein Gehörsinn bereits im Mutterleib durch zahlreiche innere und äußere Reize stimuliert und so auf die Flut von Sinneseindrücken vorbereitet, die seine neue Lebensumwelt nun bereithält.

Mit den Augen sehen

Der zum Zeitpunkt der Geburt am wenigsten ausgebildete Sinn ist das Sehen – er entwickelt sich jedoch erstaunlich schnell zu einer zentralen »Informationsquelle« des Kindes, um seine Umwelt wahrzunehmen. Neugeborene sehen aufgrund organischer Unreife noch unscharf und können Farben nicht gut unterscheiden. Dennoch beginnen sie sofort damit, ihre Umwelt aktiv mit den Augen zu entdecken, und zeigen dabei besonderes Interesse für starke Kontraste, Muster und bewegte Objekte, welchen sie anfangs allerdings nur langsam und ruckartig mit Kopf und Augen folgen können. Die Sehschärfe ist nach drei bis vier Monaten so weit entwickelt, dass sie das gezielte Greifen unterstützen kann – wenig später gelingt die exakte Anpassung der Handöffnung an die Größe des anvisierten Gegenstandes. Die Objekt- und Tiefenwahrnehmung verbessert sich im Laufe der ersten Lebensmonate extrem schnell und ist bereits mit ca. acht Monaten annähernd so weit entwickelt wie bei einem Erwachsenen.

Mit jeder Sinneserfahrung wächst das »Weltwissen« eines Neugeborenen.

Sehr klein und sehr kompetent registriert das junge Kind alles, was um es herum geschieht.

Menschliche Gesichter bzw. mehr oder weniger stilisierte Abbildungen von Gesichts-Strukturen ziehen von Anfang an die Blicke des Säuglings in besonderem Maße auf sich. Ab etwa zwei Monaten erkennt ein Kind das Gesicht seiner Mutter, und wenig später kann es auch fremde Gesichter voneinander unterscheiden. Im Laufe des zweiten Lebenshalbjahres erlangt es die Fähigkeit, einen bestimmten emotionalen Gesichtsausdruck als bedeutsames Ganzes zu erkennen und schließlich auch zu verstehen und entsprechend zu reagieren. So verbessern sich mit der visuellen Wahrnehmung auch die sozialen Kompetenzen des Säuglings.

Mit den Ohren hören

Die Welt der Klänge und Geräusche ist dem Neugeborenen bereits vertraut, hat es doch bereits vor seiner Geburt zahlreiche – wenn auch durch das ihn umgebende Fruchtwasser etwas gedämpfte – Hörerfahrungen machen können. Neben dem Herzschlag, dem Atem und anderen Körpergeräuschen der Mutter gehört der Klang ihrer Stimme zu den prägenden pränatalen Sinneseindrücken. Aber auch laute Umweltgeräusche und Musik nimmt der Fötus wahr, worüber er seine Mutter durch teils heftige motorische Reaktionen in Kenntnis setzt. Diese deutlichen Reaktionen auf auditive Reize ermöglichten es Lernforschern, Untersuchungen zu vorgeburtlichem Lernen durchzuführen. Mit ihnen konnte nachgewiesen werden, dass die einfachste Form des Lernens, die Habituation (dtsch. »Gewöhnung«) bereits im Mutterleib stattfindet.

Bereits im Mutterleib reagiert das Kind auf Sinnesreize.

Bei einem Neugeborenen lässt sich als spontane Reaktion auf ein Geräusch das Wenden des Kopfes zur Geräuschquelle hin (akustische Lokalisation) beobachten. Besonders aufmerksam reagieren Säuglinge auf den Klang einer Stimme und auf Musik. Gemäß der Differenzierungstheorie suchen Säuglinge aktiv nach unveränderlichen und wiederkehrenden Merkmalen im Strom ihrer Wahrnehmungen, um sich mit ihrer Hilfe ein geordnetes, vorhersehbares Bild von ihrer Welt zu machen. Sowohl Sprache als auch Musik weisen rhythmische und melodiöse Regelmäßigkeiten auf, die diesem Bedürfnis des Kindes entgegenkommen und deshalb sein gesteigertes Interesse wecken.

Kinder suchen nach Ordnung und Strukturen in ihrer sinnlichen Wahrnehmung.

Mit Nase, Mund und Haut riechen, schmecken, fühlen

Neben einem bereits gut ausgeprägten Geschmacks- und Geruchsempfinden besitzt das Neugeborene auch einen besonders empfindlichen Tastsinn, wobei ihm in den ersten Lebensmonaten mit Mund und Zunge differenziertere Wahrnehmungen als mit Fingern und Händen möglich sind. Das überwiegend orale Erkunden der Umwelt tritt mit der wachsenden Kontrolle über die Hände aber immer mehr in den Hintergrund. Beim Erkunden eines Gegenstandes ermöglichen die fortgeschrittenen feinmotorischen Fähigkeiten (ein Objekt ergreifen, in der Hand drehen, von einer in die andere Hand wechseln) die eingehende Betrachtung von allen Seiten, das Befühlen der Oberfläche, das Erzeugen von Geräuschen durch Schlagen oder Schütteln und vieles mehr. Im ersten und zweiten Lebensjahr erforschen Kinder auf diese Weise jedes neue Objekt, das in ihre Hände gelangt, um möglichst viele Informationen über seine Beschaffenheit zu erhalten.

Greifen und Begreifen gehen im Säuglings- und Kleinkindalter miteinander einher.

Die kindliche Suche nach Ordnung, Strukturen und Regelmäßigkeiten zum Aufbau von Weltwissen trifft auf alle Formen der sinnlichen Wahrnehmung zu. Wegen des engen Zusammenhangs und der Wechselwirkung von Motorik, Sinneserfahrungen und Lernen im frühen Kindesalter bezeichnete Jean Piaget in seiner Entwicklungstheorie den Lebensabschnitt von null bis zwei Jahren als »sensumotorisches Stadium«.

Das Kind in seiner lustvollen Neugierde zu unterstützen ist die beste Förderung.

Ein komplexes Zusammenspiel

Vom frühesten Alter an verbinden und verknüpfen Kinder die Informationen aus den verschiedenen Sinneserfahrungen (intermodale Wahrnehmung). Dadurch ist es ihnen möglich, auch ein komplexes Ereignis wie beispielsweise die abendliche Rückkehr von Vater oder Mutter (die Tür öffnet sich, das Gesicht des Vaters/der Mutter erscheint, und das Kind wird hochgenommen) anhand der Kombination von visuellen, akustischen und taktilen Reizen als zusammenhängendes Ganzes zu begreifen und wiederzuerkennen. Die mit dem Wiedererkennen einhergehende, bereits vorgeburtlich nachgewiesene Lernform des »Habituierens« spielt im gesamten Kleinkindalter eine wichtige Rolle für die kognitive Entwicklung: Je besser und schneller ein Kind seine Aufmerksamkeit für bereits Bekanntes verringern kann, desto eher ist es in der Lage, Neues aufzunehmen und zu lernen.

Ein Säugling kann Situationen anhand der mit ihnen verknüpften Sinneserfahrungen wiedererkennen.

Schritt für Schritt lernen und sich entwickeln

Waren Lernvorgänge im ersten Lebenshalbjahr noch primär durch Reizaufnahme und Wahrnehmung bestimmt, gewinnt ab ca. sechs Monaten das Beobachtungslernen mehr und mehr an Bedeutung. Das Verhalten anderer Menschen rückt ins Zentrum der Aufmerksamkeit, denn es bietet dem Kind wichtige Informationen und Handlungsvorbilder, die es sich durch Beobachten und Nachahmen aneignet. Die Nachahmung ist eine weitere grundlegende Lernform des Menschen, die es ihm erlaubt, komplexe Verhaltensmuster in relativ kurzer Zeit zu erlernen. Das Imitieren von beobachtetem Verhalten wurde in einigen Studien sogar schon bei Neugeborenen belegt, allerdings beschränkt auf einige wenige Kopfbewegungen und Gesichtsausdrücke. Etwa im Alter von sechs Monaten beginnen Kinder, ganze Handlungsabläufe »nachzumachen«, die sie bei Erwachsenen oder älteren Kindern beobachten. Dabei erwerben sie mit der Zeit auch die Fähigkeit, Handlungsabsichten zu erkennen und vorzeitig beendete Handlungen eines anderen weiterzuführen. In der Altersspanne von eins bis drei bleibt die Nachahmung eine zentrale Lernform.

Beobachten und Nachahmen sind zentrale Lernformen – auch über das Kleinkindalter hinaus.

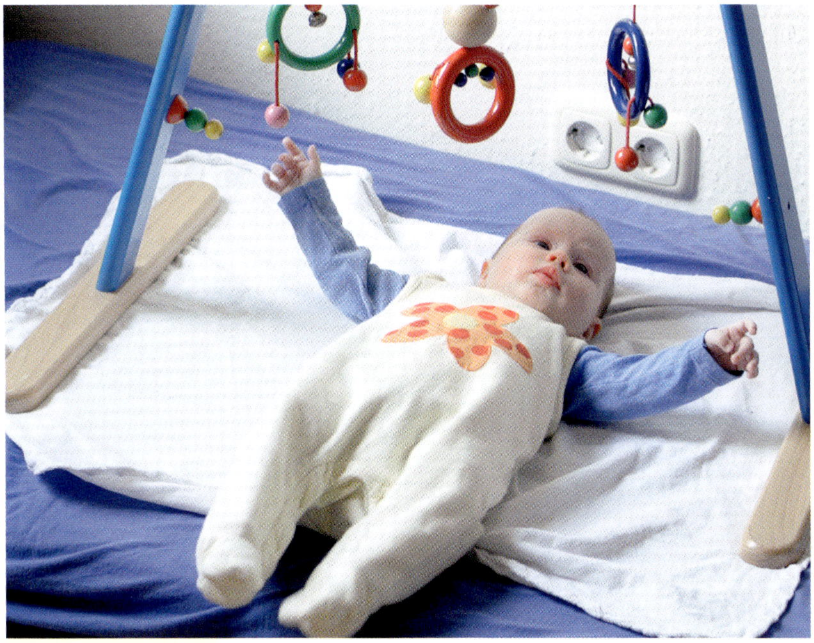

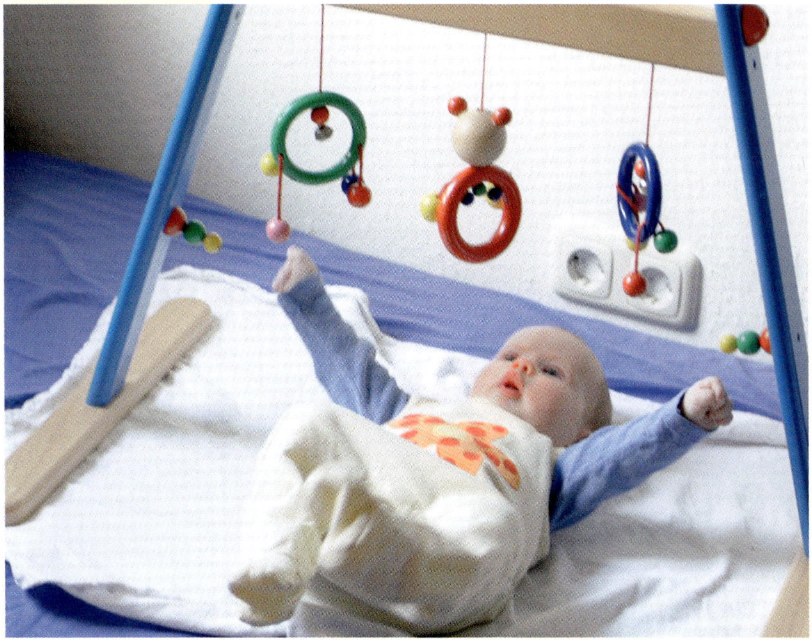

Svea registriert, dass sie selbst etwas in Gang setzen kann, wenn sie sich bewegt. Bereits Säuglinge verfügen über aktive kognitive Fähigkeiten.

Peter untersucht das Spielzeug genau – Forschergeist in Windeln.

Deckel auf, Deckel zu – Paula »spielt« dieses Spiel so lange, bis sie diesen Vorgang beherrscht.

Sina ist dabei, sich sowohl nachahmend wie auch forschend die Welt zu erschließen.

Franziska übt sich sehr kreativ in verschiedene Rollen ein: Das Röckchen der Puppe macht sie zu ihrer Mütze.

Jonas ist fasziniert von Mimik, Gestik und Stimme. Er verfolgt das Geschehen mit Kopf, Herz und Hand.

Der Mensch lernt umso nachhaltiger,
je mehr ihm eine Sache gefällt.
Jonas und Philipp haben jede Menge Spaß.

Aufgrund seiner verbesserten Sehfähigkeit (verbesserte Fokussierung, Tiefenwahrnehmung) und seiner motorischen Fortschritte erweitert sich ab ca. sechs Monaten der Wahrnehmungs- und Aktionsradius des Säuglings. Er ist nun nicht mehr auf die Gegenstände festgelegt, die ihm angereicht werden, sondern kann sich schon selbstständig den Objekten zuwenden, die sein Interesse wecken. Bald beherrscht er das Krabbeln oder eine andere Form der selbstständigen Fortbewegung – eine Erfahrung, die grundlegend für die Entwicklung der räumlichen Orientierungsfähigkeit ist. Diese wiederum ist später auch beim Zeichnen und Schreiben und für das Vollziehen abstrakter Denkleistungen, wie z.B. Subtrahieren und Addieren wichtig. Mit der Erweiterung seiner Mobilität ist für das Kind eine neue, bedeutende Entwicklungsphase angebrochen. Sie geht einher mit einem Reifeschub des Gehirns und bringt eine Reihe von neuen Fähigkeiten zutage.

Das krabbelnde Kind erforscht seine Umwelt selbstständig, jedoch in engem Kontakt mit der Bezugsperson.

Beispielsweise ist das Kind ab ca. acht Monaten dazu in der Lage, seinen Blick nach der Blickrichtung einer Bezugsperson auszurichten. So werden ab diesem Zeitpunkt immer häufiger Gegenstände zum Medium für die Interaktion mit Erwachsenen. Die gleichzeitige, gemeinsame Aufmerksamkeit (engl. *joint attention*) für eine Sache ist die Basis, auf der von nun an Lernsituationen stattfinden können, bei der ein Erwachsener die »Lehrerrolle« übernimmt. Das Kind holt jetzt außerdem auch selbstständig – über rückversichernde Blicke auf Mimik und Verhalten seiner Bezugspersonen (engl. *social referencing*) – Informationen darüber ein, wie diese sein Verhalten oder seine Handlungsabsichten einschätzen, und nutzt deren größere Erfahrung als »Richtungsweiser«.

Stefan lernt besonders viel, weil er selbst ausprobieren und überprüfen kann.

Wenn wir Kinder zwischen acht und zwölf Monaten dabei beobachten, wie sie Strategien entwickeln und anwenden, um Hindernisse auf dem Weg zu ihrem Ziel zu überwinden, wird deutlich, dass sie bereits dazu in der Lage sind, sich physikalische Phänomene, wie etwa die Schwerkraft, zunutze zu machen.

Wie Wissenschaftler entwickeln Kinder Strategien zur Lösung von Problemen.

Ihr physikalisches Wissen eignen sie sich bei der Erforschung ihrer Umwelt an und überprüfen und verankern es durch »Testreihen« – wie etwa im Falle der Schwerkraft durch das wiederholte Fallenlassen eines Spielzeugs (ganz nebenbei überprüfen sie damit außerdem, wie lange ein freundlicher Erwachsener dazu bereit ist, das Spielzeug immer wieder für sie aufzuheben). Neben der Fähigkeit, Strategien zur Problemlösung zu entwickeln, versuchen die Kinder nun auch immer häufiger, neue Probleme anhand bereits bekannter zu verstehen und lösen (analoges Schließen), was ihnen aber in diesem Alter aufgrund noch geringer Abstraktionsfähigkeit nur bei Problemen gelingt, die den bereits bekannten sehr ähnlich sind. Außerdem zeichnen sich erste Ansätze für ein Verständnis von Ursache und Wirkung sowie für Mittel-Zweck-Beziehungen (etwa der Gebrauch eines Stockes als »verlängerten Arms« oder das Heranziehen einer Decke, um an ein darauf befindliches Spielzeug heranzukommen) ab.

Das Wissen des Kindes über bestimmte wiederkehrende Abläufe wird dadurch augenfällig, dass es sein Verhalten immer besser auf zu erwartende Ereignisse einstellt. Beobachtet es z.B., wie die Mutter Schuhe und Mantel anzieht, erkennt es, dass sie vorhat wegzugehen, und fängt an zu weinen, noch bevor sie die Tür geöffnet hat. In dieser Entwicklungsphase beginnt ein Kind, auch unbekannte Tätigkeiten, die ihm vorgemacht werden, direkt nachzuahmen, wie etwa das In-die-Hände-Klatschen, das Schieben eines Spielautos oder das Betätigen von Knöpfen, Klappen o.Ä. an einem Spielzeug.

Mit Beginn des zweiten Lebensjahres kann ein Kind einfache Handlungsmuster schnell erfassen und nachahmen.

Zu Beginn des zweiten Lebensjahres ist das Wissen eines Kindes über Kategorien soweit fortgeschritten, dass es einfache Gegenstände wie etwa einen Löffel, eine Haarbürste oder einen Schlüssel funktionell gebraucht (oder es zumindest versucht). Und es lernt, Kategorien und mögliche Handlungen einander zuzuordnen. So »füttert« es beispielsweise im Verlauf des zweiten Lebensjahres eine Puppe und eine Tierfigur mit einem Löffel, nicht aber sein Spielzeugauto. Insgesamt erfährt sein Erkundungs- und Explorationsverhalten erneut einen starken Schub, es wird variabler und komplexer. Dies geht mit den rasch wachsenden motorischen Fähigkeiten des Kindes – die meisten Kinder beginnen in dieser Phase zu laufen – einher.

Ab 18 Monaten nimmt die Fähigkeit des Kindes zur Kategorisierung und Konzeptbildung fortgeschrittene Formen an, während sein Wissen um die Beziehungen der einzelnen Kategorien zueinander stetig wächst. Die meisten Kinder haben zu diesem Zeitpunkt bereits mit dem Sprechen begonnen, wodurch wir einen besseren Einblick in ihr Verständnis von Konzepten und ihr Begriffssystem bekommen.

Julia weiß, wie es geht. Mama und Papa werden staunen!

Für das nachahmende Lernen und Verstehen von Zusammenhängen sind nicht nur Erwachsene, sondern vor allem auch andere Kinder wichtig.

Der entwicklungsfördernde Umgang mit dem Kind

In den ersten Lebensmonaten ist der Säugling darauf angewiesen, dass seine Umgebung seine Sinne ausreichend stimuliert. Wichtig ist dabei vor allem eine einfühlsame, liebevolle Zuwendung, aktive und vielseitige Ansprache sowie ausgiebiger Haut-, Körper- und Blickkontakt zu und mit den primären Bezugspersonen. Die räumliche Umgebung sollte vielfältig an visuellen, akustischen und taktilen Reizen sein - aber: weniger ist hier oft mehr. Ein Zuviel an Reizen wirkt sich genau wie eine mangelnde Stimulierung negativ auf die kognitive Entwicklung aus. Zusätzlich ist es in unserer mobilen und relativ unruhigen Welt wichtig, durch verlässliche Strukturen, wie etwa die Einhaltung von wiederkehrenden Ritualen oder das Angebot von Rückzugsmöglichkeiten, dem jungen Kind einen eigenen Rhythmus zu ermöglichen und ihm einen sicheren bzw. geschützten Rahmen zu geben.

Sobald das Kind sich selbstständig fortbewegen kann, wird es sich je nach individuellem Antrieb mehr oder weniger rasch und ausgiebig aufmachen, sich selbst mit neuen Reizen zu »versorgen« bzw. sich vor einer »Überreizung« zu schützen. Auch hier ist eine sensible Wahrnehmung und Unterstützung der kindlichen Signale durch die Erwachsenen notwendig.

Es muss genügend Zeit und Ruhe sein, dass Kinder den Dingen auf den Grund gehen können …

Musik, Bewegung wie auch Sprache enthalten sich wiederholende rhythmische Abfolgen und sind besonders in Kombination (Lieder, Reime, Kniereiterspiele u.Ä.) nicht nur eine große Freude für jedes Kind, sondern bieten vielfältige und reichhaltige Lernerfahrungen für Kleinkinder. Hier kann es kein Zuviel geben.

Anteilnehmendes aufmerksames Beobachten, womit sich das Kind in seiner momentanen Situation gerade befasst, ist ein grundsätzlich guter Berater im Umgang mit dem Kind. Dabei kann die jedem Kind eigene Fähigkeit, sich interessiert und engagiert auf die Erkundung seiner Umwelt einzulassen, immer wieder mit Staunen beobachtet werden. Keine Angst: Man kann ein Kind im Grunde nicht überfordern. Es zieht aus den Erfahrungen das heraus, was es gerade jetzt wissen will und muss. Daher ist es nicht notwendig, dass Kinder unter drei Jahren speziell kognitiv gefördert werden. Sie lernen in einer »normalen Umgebung« aus sich selbst heraus und entwickeln alle nötigen Fähigkeiten, vor allem dann, wenn sie nicht ständig unterbrochen werden.

Erwachsene sollten sensibel auf ein ausgewogenes Maß an vielfältiger Anregung einerseits sowie genügend Struktur, Zeit und Ruhe zur Verarbeitung aller Reize im Alltag andererseits achten.

… dann finden sie ihre Erklärungen, ihren Weg der Lösung und erhalten hierüber neue Motivation, die Welt zu erobern.

Es ist gut, wenn
der kindliche
Explorationsdrang
von Erwachsenen
weitestgehend
unterstützt wird …

… damit das
Kind im
eigenen Tempo
möglichst viel
Gelegenheit
hat …

… Wohnung, Haus, Gegenstände, Gesetzmäßigkeiten und eigene Fähigkeiten zu erkunden.

4 Sprache und Kommunikation

4.1 Sich mitteilen und Botschaften verstehen – vorsprachliche Kommunikation

Bereits Neugeborene können sprachliche von nicht-sprachlichen Lauten unterscheiden. Die Stimme der Mutter ist ihnen noch aus dem Mutterleib bekannt und sie lauschen ihrem Klang vom ersten Lebenstag an besonders aufmerksam. Vorgeburtliche Hörerfahrungen verhelfen dem Neugeborenen auch dazu, die Sprache, die seine Mutter spricht, von anderen Sprachen zu unterscheiden (Mehler et al. 1988). Es tut dies auf der Grundlage der charakteristischen Muster (Prosodie) der Sprache, wie Ryhthmus, Tempo, Tonfall, Melodie usw., für die es von Anfang an besonders empfänglich ist. Wissenschaftliche Studien belegen außerdem, dass nur wenige Wochen alte Säuglinge schon feinste Unterschiede zwischen einzelnen Lauten (wie beispielsweise »ba« und »pa«) wahrnehmen (Eimas et al. 1971).

Sprache und Kommunikation beginnen mit Zuhören und Schauen.

Die ersten eigenen »quasi-sprachlichen« Äußerungen bringen Kinder zwischen dem 2. und 3. Lebensmonat hervor: vor allem lange, vokalische Laute, wie »oooh« und »ahhh«, teilweise auch in Verbindung mit einem Konsonaten, z.B. »guu« oder »raa«. Diese in der Fachsprache »Gurren« genannten Laute bereiten dem Säugling offensichtliche Freude, er »unterhält« sich selbst durch immer neue Lautproduktionen vom Schmatzen, Grunzen und Schnauben bis hin zu vergnügtem Quietschen und unvermitteltem Kreischen. Wenn die Eltern darauf reagieren und ihrerseits solche Laute produzieren, wiederholt der Säugling den Laut – ein erstes Dialogisieren findet statt.

Das Neugeborene ist mit vielen unterschiedlichen Ausdrucksmöglichkeiten ausgestattet, die den Bezug zu den versorgenden Menschen sicherstellen sollen.

Mit ungefähr drei Monaten lacht ein Kind erstmals laut auf. Mit durchschnittlich 7 Monaten hat das Kind durch seine stetigen Vokalisier-Übungen die motorische Kontrolle über seine Sprechwerkzeuge so weit verbessert, dass es mehrere gleichlautende Silben aneinanderreihen kann, z.B. »baba« oder »dededede«. Mit diesem sogenannten »Plappern« probiert das Kind verschiedene Varianten aus, Elemente aus seiner Muttersprache zu wortähnlichen Gebilden zusammenzusetzen. Mit der Zeit passen die Kinder ihre Lautreihen mehr und mehr auch dem Rhythmus und der Intonation der Sprache an, die sie in ihrer Umgebung hören. Nimmt das Kind in dieser Phase vielfältigste Sprachen und Laute wahr, so erhält sich die Breite seiner sprachlichen Fähigkeit, was derzeit als förderlich für seine generelle sprachliche Begabungsstruktur bewertet wird.

Forscher haben herausgefunden, dass auch unerfahrene Eltern Hunger- und Schmerzschreie intuitiv voneinander unterscheiden.

Karimo weiß, wie er auf sich aufmerksam machen kann.

Die nonverbale Kommunikation

Schon bevor ein Kind zu sprechen beginnt, kommuniziert es mit seinen Bezugspersonen auf verschiedenste Weisen.

Ein zentraler Bestandteil kommunikativer Fähigkeiten ist das gegenseitige Abwechseln (engl. *turn-taking*), das Eltern und Kinder beispielsweise bei sozialen Interaktionen wie dem »Guck-Guck-Daa«-Spiel, dem wechselseitigen Anbieten und Annehmen eines Gegenstandes oder beim Hin- und Herrollen eines Balles einüben. Aufbauend auf solchen Erfahrungen, bei denen das Kind mal eine aktive, mal eine passive Rolle übernimmt, entwickelt sich später die Fähigkeit zur wechselseitigen Übernahme der Sprecher- und Zuhörer-Rolle.

Durch die Interaktion mit Erwachsenen erwirbt der Säugling kommunikative Grundlagen.

Auf die gemeinsame Fokussierung der Aufmerksamkeit von Kind und Bezugsperson auf einen Gegenstand oder eine Handlung (engl. *joint attention*) wurde bereits im Hinblick auf ihre Bedeutung für die kognitive Entwicklung (vgl. Kapitel »Kognitive Entwicklung«, S. 80 ff.) hingewiesen. Sie spielt insbesondere auch für den Erwerb kommunikativer Kompetenzen eine wichtige Rolle. Über die gemeinsame Beschäftigung mit einem Objekt entwickeln sich erste »Dialoge«, wobei zunächst nur die Eltern wirklich sprechen, die Kinder aber durch Mimik und Gestik antworten und auffordern.

Die Eltern-Kind-Kommunikation findet also noch hauptsächlich über mimischen und vokalen Emotionsausdruck sowie über die Körperhaltung statt, wobei das Kind aktiv aus dem Gesichtsausdruck der Bezugsperson »liest« und darin Rückversicherung für sein Verhalten sucht (engl. *social referencing*).

Bevor das Kind zu sprechen beginnt, kommuniziert es mit den Eltern nonverbal.

Ab etwa neun Monaten kann das Kind mit seinem Blick der Zeigegeste eines Erwachsenen zu einem bestimmten Objekt hin folgen, kurz darauf wendet es diese Geste selbst an, um einem Erwachsenen mitzuteilen, dass es Interesse an einem Gegenstand hat oder einen Kommentar dazu wünscht. Auch das Wegdrehen und Schütteln des Kopfes, um anzuzeigen, dass es eine Speise ablehnt, ist eine erste kommunikative Geste, die das Kind zeigt und bald auch auf andere Situationen überträgt.

Der häufige intensive, zugewandte Dialog zwischen Mutter/Vater und Kind legt die Basis für ein gelingendes Leben.

Jede Beziehung hat etwas mit Gefühlen, deren Ausdruck und kognitiven Prozessen zu tun.

- Umgekehrt sind kognitive Prozesse darauf angewiesen, dass sie mit Gefühlen und Empfindungen verbunden sind.

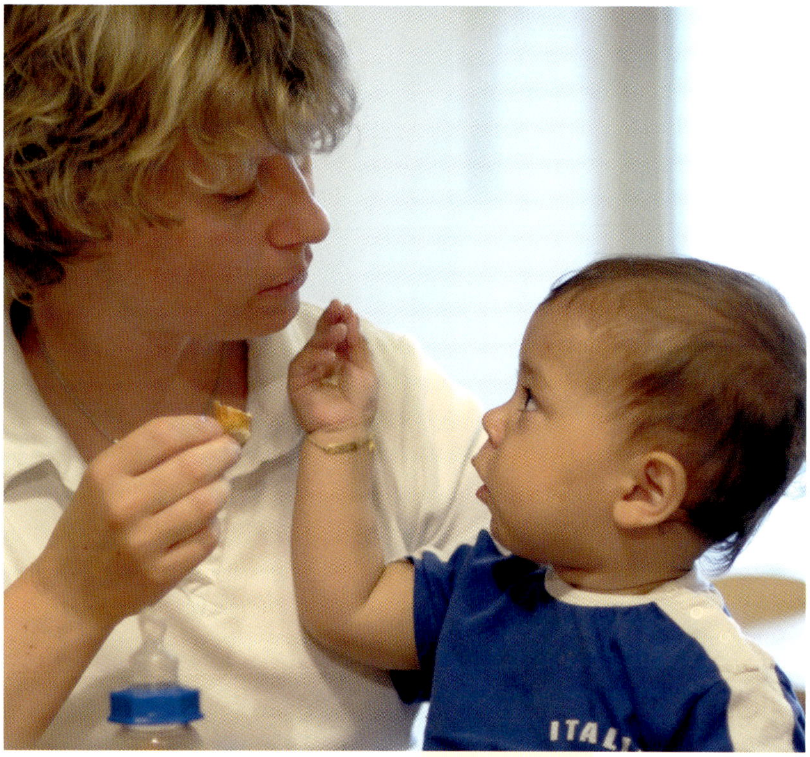

Behalten und Hergeben, mein und dein …

Milli versteht es spielerisch, im engen Kontakt mit sich und ihrem Gegenüber zu sein. (Abb. S. 109)

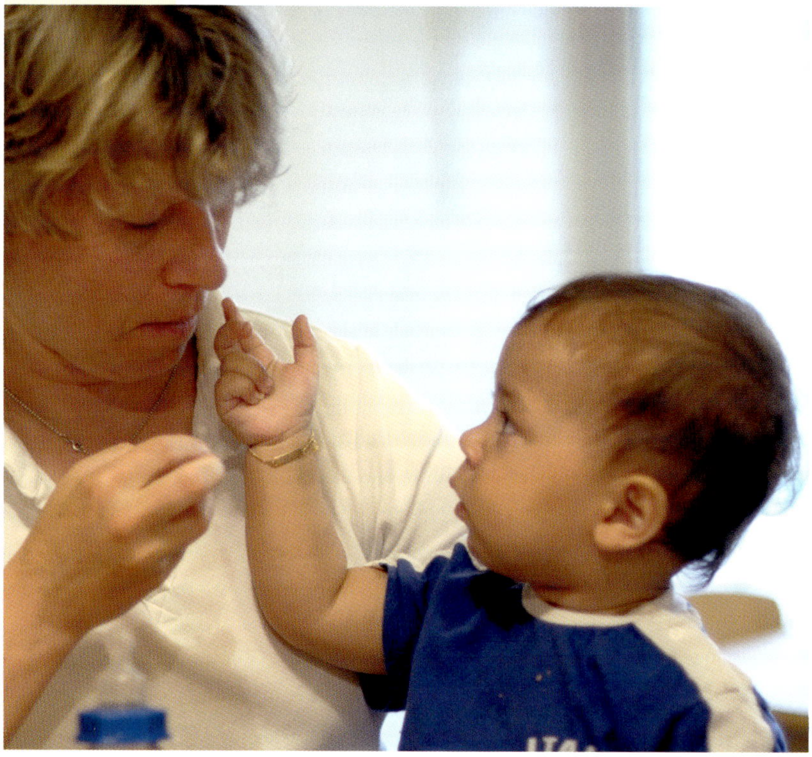

… Lars lotet aus.

4.2 Jedes Ding hat einen Namen – Sprache als Schlüssel zur Welt

Etwa mit sechs bis acht Monaten wird aus dem bloßen Erkennen von vertrauten Lautfolgen ein erstes Verstehen von Wortbedeutungen, allerdings nur, wenn der Kontext unterstützende Informationen liefert. Ein Kind in diesem Alter schaut beispielsweise zielsicher die betreffende Person an, wenn es »Mama« oder »Papa« hört. Seine Fähigkeit, einzelne Wörter – insbesondere in Verbindung mit wiederkehrenden Handlungsabläufen – zu verstehen, wird auch an seinen emotionalen Reaktionen sichtbar, wenn die Mutter z.B. »baden«, »spazieren gehen«, »essen« oder »schlafen« ankündigt. Ab ca. 14 Monaten kann ein Kind auf gezielte Fragen nach einem bekannten Gegenstand oder einer Person (Wo ist der Ball?) mit einer Zeigegeste und einem »Da!« antworten. Es kann nun auch Sätze mit einfachen Aufgaben (»Hol mir die Puppe«) verstehen und diese ausführen und stellt das mit offensichtlicher Freude unter Beweis.

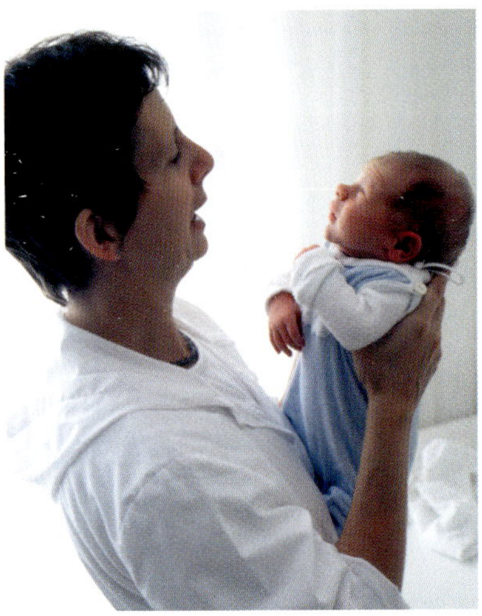

Der kommunikative Weg beginnt ...

Während ihr »Verstehenswortschatz« bis zum Ende des ersten Lebensjahres auf bis zu 150 Wörter angewachsen ist, beginnen Kinder (etwa ab zehn Monaten) zunächst nur ganz vereinzelt Wörter, die sie verstehen, auch zu sprechen. Typische erste gesprochene Wörter sind z.B. Namen von Bezugspersonen und Haustieren, die Bezeichnungen wichtiger Gegenstände wie Ball, Auto, Keks oder andere im Alltag häufige bedeutungsvolle Wörter wie »heiß«, »nein« oder »meiner«. Auch bei rhythmischen Sprech- und Singspielen wie beispielsweise »Backe-backe-Kuchen« versuchen die Kinder nun, mit wachsender Begeisterung mitzusingen oder mitzusprechen.

Wenn Kinder mit dem Sprechen beginnen, tun sie das zunächst in Form von »Einwort-Äußerungen« (zumeist handelt es sich dabei um Bezeichnungen für Dinge, Tiere oder Personen). Die einzeln hervorgebrachten Wörter ersetzen dabei ganze Phrasen und können ganz unterschiedliche Aussagen transportieren. Wenn das Kind z.B. »Auto« sagt, kann der Erwachsene nur aus dem Kontext erschließen, ob es damit »ich möchte mein Auto«, »ich habe heute mit dem Auto gespielt« oder »eben ist ein Auto vorbeigefahren« meint. Andererseits nutzen auch Kinder alle Hinweise, die ihnen der situative Kontext und das Verhalten des Sprechers geben, um Rückschlüsse über die Bedeutung eines unbekannten Wortes zu ziehen.

Oft haben Kleinkinder für das, was sie sagen möchten, noch kein eigenes Wort in ihrem aktiven Wortschatz zur Verfügung und greifen deshalb auf ein bereits bekanntes Wort zurück, welches somit eine erweiterte Bedeutung (Überdehnung) erfährt. So könnte ein Kind z.B. alle Frauen als »Mama« bezeichnen und das Wort »Flieger« sowohl für ein Flugzeug als auch für einen Kondensstreifen am Himmel sowie für einen gezeichneten Strich auf einem Blatt Papier, der einem Kondensstreifen ähnelt, verwenden. Sprache und Denken bedingen und beeinflussen sich gegenseitig.

Bis zum Alter von 18 Monaten vergrößern die Kinder ihren aktiven Wortschatz ganz allmählich auf durchschnittlich 50 Wörter. Dann folgt auf einmal das, was von Wissenschaftlern als »Vokalbelspurt« oder »Wortschatzexplosion« bezeichnet wird: Das Kind spricht von nun an täglich mehrere neue Wörter zum ersten Mal. Es scheint begriffen zu haben, dass alles und jedes einen Namen hat und fragt aktiv nach den jeweiligen Bezeichnungen, weil es die Dinge in seiner Umgebung richtig benennen möchte. In dieser Phase vergewissern sich Kinder häufig bei Erwachsenen

… und ist ein Leben lang weiter zu gehen.

oder älteren Geschwistern, ob sie ein neues Wort richtig verwenden, indem sie z.B. den gemeinten Gegenstand hoch halten und die betreffende Bezeichnung mit fragender Intonation wiederholen. Ein ganz besonders wichtiges Medium für solche »wortschatzerweiternden« Interaktionen sind altersgerechte Bilderbücher.

Mit etwa 2 Jahren hat sich bei vielen Kindern der aktive Wortschatz auf ca. 200 Wörter vergrößert. Mit dem Vokabelspurt haben sie auch begonnen, Zwei-Wort-Sätze zu bilden, wie z.B. »Papa Jacke«, »Nane haben« oder »Lena weint«. Mit diesem »Telegramm-Stil« produzieren sie eine erstaunliche Vielfalt von Äußerungen verschiedenster Bedeutung. Das rasant wachsende Sprachverständnis zeigt sich in der Fähigkeit der Kinder, nun auch komplexere Aufgabenstellungen (»Geh ins Kinderzimmer und bring mir die Puppe«) zu bewältigen.

Je mehr Wörter das Kind aktiv benutzt, desto länger und komplexer werden seine Äußerungen.

Das Verwenden von Ein- und Zweiwortäußerungen behalten viele Kinder noch einige Zeit bei, während andere sehr schnell zu Dreiwortsätzen und längeren Sätzen übergehen. Bemerkenswert ist, dass die Kinder von

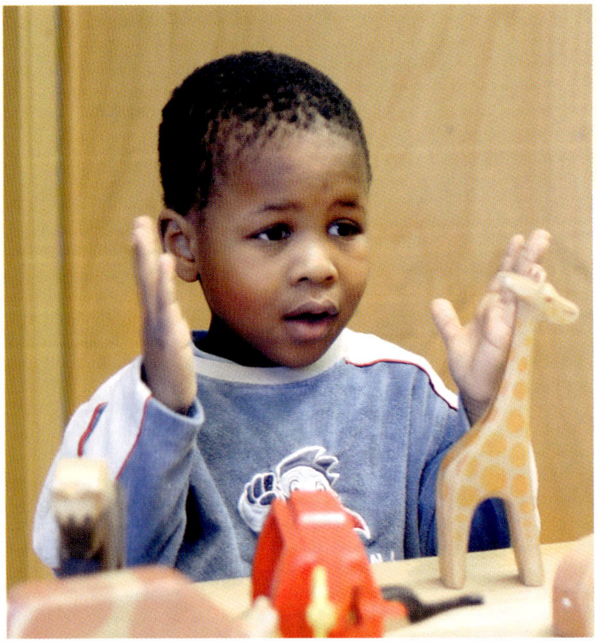

Anfang an die grundlegende Wortordnung ihrer Muttersprache annehmen und in dieser Hinsicht kaum Fehler machen. Mit etwa 2,5 Jahren beginnen die meisten Kinder bereits komplexere Sätze mit mehreren Phrasen zu bilden. Die Sprachfähigkeit und die kommunikativen Kompetenzen verfeinern und verbessern sich im Laufe des dritten Lebensjahres fortschreitend.

Die Kinder üben und treiben ihre Fähigkeiten aus eigener Motivation voran – sei es im familiären Umfeld oder im Umgang mit Gleichaltrigen, wo die Sprache immer mehr auch zur Lösung von Konflikten und zum Aushandeln von Rahmenbedingungen und Regeln für das gemeinsame Spiel verwendet wird. Von größter Bedeutung für das Tempo und die »Reichweite« der Sprachentwicklung sind aber weiterhin Quantität und Qualität des sprachlichen »Inputs« aus dem Umfeld.

■ Nonverbale Botschaften sind neben der Sprache ein wichtiges Verständigungsmittel. Eli beherrscht alle Tricks der Kommunikation!

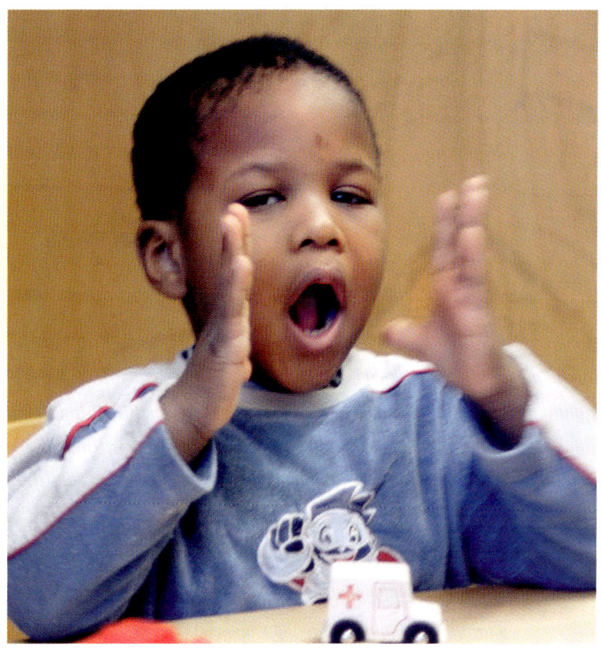

Hinhören, Wahrnehmen, Sich-Artikulieren
und Gemeinsame-Lösungen-Finden
will lange geübt sein.
Der Königsweg heißt Kompromiss!

Manche Situationen führen schon mal zu Handgreiflichkeiten. Feret und Anna üben sich darin ein, andere Formen zu finden.

■

Auseinandersetzungen mit Erwachsenen gehören zum Großwerden. Auch die Regulierung der eigenen Gefühle ist eine lebenslange Aufgabe.

Verhandeln muss erlernt werden. Lisa versteht sich bereits aufs Argumentieren.

Damit Kinder sprechen lernen können, müssen sie täglich vielfältige Anregungen und Ermunterung zum Hören, Aufnehmen und Kommunizieren erhalten. Dabei kommt es vor allem darauf an, dass ein Kind von Anfang an möglichst häufig angesprochen wird und dass alle Geschehnisse, an denen es Anteil hat, von den Erwachsenen sprachlich begleitet und kommentiert werden. Auch die sogenannte Ammensprache (»babytalk«) spielt in diesem Zusammenhang eine bedeutsame Rolle. Eltern verfügen über ein intuitives Wissen darüber, dass Sprache in hoher Tonlage, mit stark ausgeprägter Satzmelodie und häufigen Wiederholungen vom Kleinkind besonders gut aufgenommen wird. Wichtig ist es auch, das Kind so früh wie möglich aktiv in die sprachliche Interaktion mit einzubeziehen, indem man ihm Fragen stellt, es um etwas bittet, ihm etwas zu erklären versucht, mit ihm singt und Sprachspiele spielt.

Wenn das Kind erlebt, dass seine sprachlichen Äußerungen die Aufmerksamkeit anderer wecken, dass sie verstanden und beantwortet werden, ist das die beste Motivation, seine Sprachfähigkeit mit großem Eifer voranzutreiben.

Bilderbücher sind ein wichtiges Medium zur Unterstützung der sprachlichen Entwicklung. Waches Zuhören, Singen, zugewandtes Erzählen und Sprechen sowie das Erläutern von Zusammenhängen – auch wenn das Kind den Inhalt noch lange nicht verstehen kann – eignen sich außerdem dazu, Kinder bestmöglich zu fördern. Jede Unterstützung und Ermunterung des Kindes, selbst zu verbalisieren, was es sieht, was es denkt oder wissen möchte, sind förderlich für seine sprachliche Entwicklung. Erwachsene sollten schon früh das »dialogisierende Lesen« praktizieren, indem sie den Kindern bei der gemeinsamen Betrachtung eines Buches bewusst solche Fragen stellen, die nicht allein durch Zeigen zu beantworten sind (also nach den Namen der Dinge und Personen fragen, die zu sehen sind, und nach dem, was sie tun bzw. wofür sie gebraucht werden usw.), sondern die die Kinder zu neuen Fragestellungen und entsprechenden Dialogen führen.

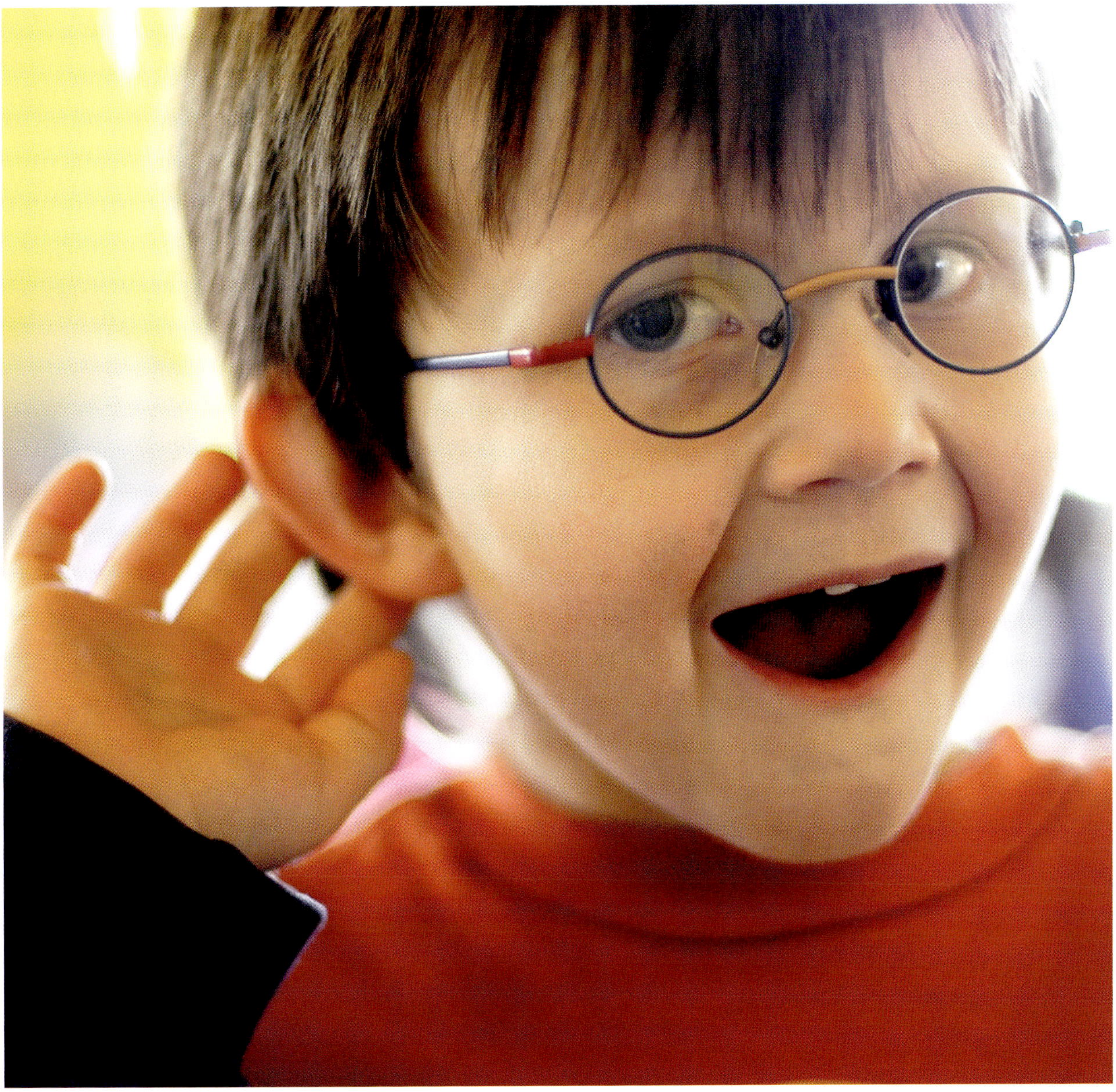

Hör mir zu! Dann können wir uns verstehen.

Ein Wort danach

Vertrauen Sie dem Kind und sich selbst!

In den ersten Jahren des Lebens ist der kleine Mensch in höchstem Maße auf die aufmerksame Zuwendung anderer Menschen – insbesondere der Eltern und Erzieherinnen – angewiesen. Deshalb ruht auf den Schultern der begleitenden Erwachsenen eine große Verantwortung.
Die nachwachsende Eltern-, aber auch Fachkräfte-Generation kann andererseits immer seltener auf eigene, unmittelbare Erfahrungen mit Säuglingen und Kleinkindern zurückgreifen. Die hohe Nachfrage nach pädagogischer Fachliteratur und Erziehungsratgebern aller Art über alle Medien hinweg belegt auf eindrückliche Weise die Verunsicherung über den Umgang mit kleinen und kleinsten Kindern.

Es kann für den »richtigen Umgang« mit kleinen Kindern keine Rezepte geben – bestenfalls einen guten Rat:

Jedes Kind ist anders, jedes ist besonders, hat seine Geschichte, seine persönliche Art, mit der Welt und sich umzugehen – genau wie jeder Elternteil, jede Erzieherin eine eigene, höchst individuelle Geschichte hat.

- **Vertrauen Sie Ihrer eigenen Wahrnehmung und sehen Sie immer wieder staunend auf das Kind!**
- **Versuchen Sie die Signale des Kindes sensibel wahrzunehmen und sie verlässlich und nach besten Kräften zu beantworten.**
- **Achten Sie die eigenständige Persönlichkeit des Kindes und ermutigen Sie es, wo immer es geht, eigene Lösungen zu finden.**

Damit schaffen Sie eine gute Voraussetzung für die gesunde Entwicklung des Kindes und die Basis für ein gelingendes Leben.

Christine Merz

Kindern zutrauen,
dass sie ihren
Weg finden!

Glossar

Affekt Bezeichnung für Gefühle von besonderer Intensität

Angst Affektzustand, der durch Gefahr oder Bedrohung aus der Umwelt ausgelöst wird oder aus dem Innern eines Individuums hervorgeht. Angst dient zunächst als biologisches Warnsystem bei Gefahren.

Beobachtungslernen Erklärung für das Lernen im sozialen Kontext durch Nachahmung; auch Modell-Lernen oder soziales Lernen genannt.

Bindung Die enge und sichere – oder auch unsichere – Beziehung des Kindes zu seinen Bezugspersonen, die zum großen Teil während der ersten sechs Lebensmonate ausgeprägt wird.

Differenzierungstheorie Ansatz, der davon ausgeht, dass ein Säugling aktiv nach wiederkehrenden Strukturen im Strom seiner Wahrnehmungen sucht, um sich mit ihrer Hilfe ein Bild von der Welt zu machen

Emotion (lat.: *ex* »heraus« und *motio* »Bewegung, Erregung«) psycho-physiologischer Prozess, der durch die mentale Bewertung eines Objekts oder einer Situation ausgelöst wird und mit physiologischen Veränderungen, spezifischen Kognitionen und subjektivem Gefühlserleben einhergeht

emotionale Selbstregulierung Fähigkeit von Menschen, nicht nur aufgrund äußerer Reize zu handeln, sondern auch auf sich selbst zu reagieren und ihr Verhalten anzupassen und zu lenken. In den ersten Lebensmonaten sorgen die Eltern für die emotionale Regulierung des Kindes, indem sie es z.B. trösten und beruhigen.

Explorationsverhalten Auch Erkundungs- bzw. Neugierverhalten genannt. Das Explorationsverhalten wird in enger Beziehung zum Bindungsverhalten gesehen. Ein Kind zeigt in der

Regel nur dann exploratives Verhalten, wenn es sich sicher sein kann, dass die Hauptbezugsperson zuverlässig verfügbar ist, um seine Bedürfnisse nach Wärme, Nahrung, Sicherheit zu befriedigen und ihm hilft, aufkommende Angst zu bewältigen.

Fremdeln besonders ausgeprägte Angst vor fremden Personen, die häufig um den achten/neunten Lebensmonat herum auftritt

»Gurren« zählt zu den ersten Lautäußerungen eines Kleinkindes, mit deren Hilfe es Kontakt zu seiner Bezugsperson aufnimmt

Habituation (lat.: Gewöhnung) Form des Lernens, die einsetzt, wenn sich beim Menschen eine Reaktion auf einen wiederholt präsentierten und sich als unbedeutend erweisenden Reiz abschwächt

Ich-Struktur Entwicklung des Selbst, die Voraussetzung für die Entstehung der Persönlichkeit ist. Sie verläuft in drei Schritten: unbewusste Selbstwahrnehmung (null bis ca. 18 Monate); bewusste Selbstwahrnehmung (18. Monat bis ca. 5 Jahre); selbstreflektierte Selbstwahrnehmung (ein Leben lang).

Imitation Nachahmen von Verhaltensweisen, die bei einem Modell beobachtet wurden

Lautieren »lallende Laute«, die typisch für die zweite Hälfte des ersten Lebensjahres sind

Reflex unwillkürliche, automatische und ohne Verzögerung ablaufende physiologische Reaktion auf einen äußeren oder inneren Reiz.

Reiz umfassende Bezeichnung für Energien innerhalb oder außerhalb des Organismus, die über das Nervensystem psychische Vorgänge wie Empfindung, Wahrnehmung, Gefühle, Erleben usw. auslösen und mit Reaktionen des Organismus beantwortet werden

Ritual ■ für Kinder festgelegte → »Scripts«. Das Nichteinhalten wird häufig als Frustration, als Kränkung und gar Missachtung seitens des Kindes erlebt.

»Scripts« ■ (engl.: Drehbücher, eine Vokabel der Filmindustrie) sind Zusammenfassungen von Erinnerungen über und mit Objekten, die einen bestimmten, typischen Handlungsablauf charakterisieren. Ritualisierte Abläufe oder Als-ob-Spiele zählen in den ersten Lebensjahren zu den wichtigsten »Scripts«.

sensumotorisches Stadium ■ Begriff aus der Theorie Jean Piagets, der die kindliche Entwicklung zwischen null und zwei Jahren charakterisiert und das enge Zusammenspiel von Motorik, Sinneserfahrungen und Lernen betont.

Spiel ■ Entwicklungspsychologisch betrachtet, ist das Spiel Haupttriebkraft der frühkindlichen Selbstfindung und späteren Sozialisation des Menschen. Das Kind übt alle seine Fertigkeiten, das Spiel bildet also den Rahmen, in dem ein Großteil des kindlichen Lernens eingebettet ist – frei von Leistungsdruck und Versagensängsten.

Trotzverhalten ■ Für Kleinkinder typisches Verhalten, das ihrem Bedürfnis nach Individualisierung entspringt. Das Kind entdeckt sich selbst als handelnde Person und möchte sich abgrenzen. Da die Emotionskontrolle häufig noch nicht ausgereift ist, können heftige Trotzanfälle entstehen.

Urvertrauen ■ Begriff, der auf Erik H. Erikson zurückgeht. Urvertrauen besitzt ein Kind dann, wenn es sich traut, die Umwelt zu erforschen, aktiv ist und ein Gefühl dafür erwirbt, welchen Situationen und Menschen es vertrauen kann und welchen nicht. Das Urvertrauen ist für die Entwicklung von Beziehungen zu anderen Menschen und für die Charakterbildung maßgeblich.

Literatur zum Weiterlesen

Ainsworth, M.D.S., & **Wittig,** B.A. (1969). Attachment and exploratory behavior of one-year-olds in a strange situation. In B. M. Foss (Hrsg.), *Determinants of Infant Behavior* (Bd. IV, S. 111–136). London: Methuen.

Ainsworth, M.D.S., **Blehar,** M.C., **Waters,** E., & **Wall,** S. (1978). *Patterns of attachment. A Psychological Study of the Strange Situation.* Hillsdale: Erlbaum.

Behl-Chadha, G. (1996). Basic-level and superordinate-like categorial representations in early infancy. *Cognition,* 60, 105–141.

Berk, Laura E. (2005). *Entwicklungspsychologie.* München: Pearson.

Eimas, P. D., et al. (1971). Speech perception in infants. *Science,* 177, 303–306.

Haith, M. M., **Hazen,** C., & **Goodmann,** G.S. (1988). Expectation and anticipation of dynamic visual events by 3.5-month-old babies. *Child Development,* 59, 467–479.

Jacobsen, T., & **Hofmann,** V. (1997). Children's attachment representations: Longitudinal relations to school behavior and academic competency in middle childhood and adolescence. *Developmental Psychology,* 33, 703–710.

Keller, Heidi (Hrsg.) (2003). *Handbuch der Kleinkinderforschung.* Bern/Göttingen: Huber.

Keller, Heidi (1998). *Lehrbuch Entwicklungspsychologie.* Bern/Göttingen: Huber.

Kuhl, P.K., & **Meltzoff,** A.N. (1982). The bimodal perception of speech in infancy. *Science,* 218, 1138–1141.

Largo, R.H. (2006). *Babyjahre.* München: Piper.

Lecanuet, J. P., et al. (1995). Human fetal auditory perception. In J. P. Lecanuet et al. (Hrsg.) *Fetal development: A psychobiological perspective.* Hillsdale: Erlbaum.

Main, M., & **Solomon,** J. (1990). Procedures for identifying infants as disorganized/disoriented during the Ainsworth Strange Situation. In M.T. Greenberg et al. (Hrsg.), *Attachment in the preschool years* (S. 121–160). Chicago: University of Chicago Press.

Mehler, J., et al. (1988). A precursor of language acquisition in young infants. *Cognition,* 29, 143–178.

Meltzoff, A., & **Kuhl,** P. (2003). *Forschergeist in Windeln.* München: Piper.

Mietzel, Gerd (1998). Wege in die Entwicklungspsychologie. Kindheit und Jugend. München: Psychologie-Verlags-Union.

Miller, Patricia H. (2000). Theorien der Entwicklungspsychologie. Heidelberg: Spektrum Akademischer Verlag.

Mönks, Frank J., & **Knoers,** Alphons M.P. (1996). *Lehrbuch der Entwicklungspsychologie.* München: Reinhardt.

Oerter, Rolf, & **Montada,** Leo (2002). *Entwicklungspsychologie.* Weinheim: Beltz.

Scheuerl, H. (1991). *Das Spiel.* Weinheim: Beltz.

Schlack, H.G. (Hrsg.) (2004). *Entwicklungspädiatrie.* München: Marseille.

Siegler, R., **DeLoache,** J., & **Eisenberg,** N. (2005). *Entwicklungspsychologie im Kindes- und Jugendalter.* Heidelberg: Spektrum Akademischer Verlag.

Trautner, Hanns Martin (1995). *Allgemeine Entwicklungspsychologie.* Stuttgart: Kohlhammer.

Vondra, J. I., et al. (2001). Attachment stability and emotional and behavioral regulation from infancy to preschool age. *Development and Psychopathology,* 13 (1), 13–33.

Dank

Dieses Buch konnte nur durch die gute Zusammenarbeit von Fachleuten mit spezifischen Kompetenzen entstehen. Alle Beteiligten haben das Projekt mit großem Engagement unterstützt und sich über das gewöhnliche Maß hinaus für das Anliegen eingebracht.

Es wirkten mit

Prof. Dr. Susanne Viernickel, Berlin

ist Expertin für die frühe Kindheit, lehrt ab 2007 an der Alice-Salomon-Fachhochschule für Sozialpädagogik in Berlin. Sie hat die Texte auf ihre wissenschaftliche Richtigkeit geprüft und wünscht sich eine hohe Verbreitung der Grundaussagen des Buches in Wort und Bild.

Hartmut W. Schmidt, Freiburg i. Brsg.

freischaffender Fotograf, u. a. seit vielen Jahren für die Fachzeitschrift »Kindergarten heute« als Bild-Redakteur tätig, hat sich vor allem einen Namen gemacht im Hinblick auf sensible und authentische Menschenfotografie.
Er verfügt über eine besondere Fähigkeit, Kinder aus achtungsvoller Distanz unverstellt und lebendig im Bild festzuhalten.

Christine Merz, Lahr i. Schw.

Pädagogin und Autorin, verfügt als Chefredakteurin von »Kindergarten heute«, über langjähriges journalistisches Know-how. Konzept und Idee für dieses Buch stammen von ihr. Sie verfasste die Begleittexte und fügte die verschiedenen Elemente mit sicherer Hand und Feingefühl zusammen.

Pia Haferkorn Freiburg i. Brsg.

Als freiberufliche Redakteurin im Bereich Pädagogik, Erzieherin, Germanistin und Mutter von drei kleinen Kindern brachte sie alle Voraussetzungen und das hohe Interesse mit, die theoretischen Texte zur Entwicklungspsychologie zusammenzustellen und verständlich zu formulieren.

Gerlinde Reckels und Harry Schneider-Reckels, Wiesbaden

Grafik-Designer für Bücher und Zeitschriften, sorgten in unkompliziertem, lebendigem Austausch mit den Beteiligten für eine kreative und professionelle Inszenierung.

Dank gilt außerdem allen Kindern, Eltern und Einrichtungen, durch die dieses Buch und seine Veröffentlichung erst möglich wurde. Die Namen der Kinder haben wir aus Datenschutzgründen verändert.